조선셰프 서유구의

술 이야기

임원경제지
전통 음식 복원 및 현대화 시리즈 / 4

CHOSUN CHEF's

Rice wine

조선셰프 서유구의

술 이야기

자연경실

조선셰프 서유구의
술 이야기

지은 이 풍석문화재단음식연구소
대표집필 박정익, 곽유경
임원경제지 서유구 편찬/임원경제연구소(정정기) 번역
사진 신미연, 고현수

펴낸 이 신정수

펴낸 곳 풍석문화재단
진행 진병춘 **교정** 박정진
진행지원 박소해
디자인 아트퍼블리케이션 디자인 고흐
전화 (02) 6959-9921 **E-MAIL** pungseok@naver.com

펴낸 날 초판 1쇄 2019년 6월
ISBN 979-11-89801-06-9

이 도서의 국립중앙도서관 출판예정도서목록(CIP)은
서지정보유통지원시스템 홈페이지(HTTP://SEOJI.NL.GO.KR)와 국가자료종합목록시스템
(HTTP://KOLIS-NET.NL.GO.KR)에서 이용하실 수 있습니다. (CIP제어번호 : CIP2019019645)

조선셰프 서유구의 술 이야기(임원경제지 전통 음식 복원 및 현대화 시리즈 4)

이 책은 문화체육관광부의 “풍석학술진흥연구사업”의 보조금으로
음식복원, 저술, 사진촬영, 원문번역, 간행 등이 이루어졌습니다.
도서 관련 궁금한 점이 있으시거나, 좀 더 다양한 정보를 원하시면
조선셰프 서유구 웹사이트(www.chosunchef.com)를 이용하시기 바랍니다.

목차

CONTENTS

14 **머리말**

20 **프롤로그**

20 술을 빚는다는 것

21 술을 빚어야 하는 이유

22 우리 술이 품은 이야기

26 〈정조지〉에 담긴 술과 계절로 풀어본 우리 술

29 우리 전통주의 미래

30 다른 나라의 술 빚기

32 바른 음주 문화

제1장

술의 총론

37 **주례총서 1** 술의 기원

43 **주례총서 2** 쌀과 누룩으로 술을 빚다

47 **주례총서 3** 오제와 삼주, 술의 다양한 모습

51 **주례총서 4** 맑고 탁하고 후하고 박하고 더해서 빚고

55 **주례총서 5** 하룻밤 묵은 것, 엿기름과 단술

59 **주례총서 6** 서, 배, 제, 령, 차

62 **〈정조지〉에 소개된 술 빚기에 사용되는 주재료에 대한 해석**

65 **술 빚는 여러 방법 01** 논국품

69 **술 빚는 여러 방법 02** 치국법

73 **술 빚는 여러 방법 03** 치주재법

77 **술 빚는 여러 방법 04** 택수법

81 **술 빚는 여러 방법 05** 조주본방

85 **술 빚는 여러 방법 06** 조부본방

89 **술 빚는 여러 방법 07** 봉양법

91 **술 빚는 여러 방법 08** 수중양법

93 **술 빚는 여러 방법 09** 상조법
97 **술 빚는 여러 방법 10** 수주법
101 **술 빚는 여러 방법 11** 자주법
104 **누룩 만들기**

제2장

〈정조지〉 속의 술

109 **향온주** 궁중 내의원에서 빚은 누룩을 이용하다
113 **녹파주** 청아한 파도 색이 떠오르는 술
119 **벽향주** 평양과 관서지방에서 이름을 떨친 명주
123 **소국주** 구전동화처럼 맛으로 이어진 술
129 **부의주** 동동주의 본 이름, 단양주의 선두 주자
133 **동정춘** 쌀의 달콤함이 응축된 맛
139 **경액춘** 옥빛의 진하고 차진 술
145 **죽엽춘** 대순에 부는 바람을 담은 술
151 **인유향** 술에서 나는 향만으로 감동과 전율을 줄 수 있다면
157 **석탄향** 어려운 환경 속에서 피어난 아름다운 꽃
163 **오호주** 술 앞에서 한없이 겸손해지는 순간
167 **하향주** 그 여름, 연밭의 향기를 기억하나요?
173 **호산춘** 여산의 맑은 물로 빚은 명주
179 **잡곡주** 블렌딩의 미학, 곡주가 지닌 무한한 가능성
185 **두강춘** 이토록 사랑하여 술에 자신의 이름을 내걸다
190 **〈정조지〉에 소개된 술에 관하여 알면 좋은 점**

193 **약산춘** 맛의 균형이 잘 잡힌 서울의 명주
199 **청명주** '부지깽이를 꽂아도 싹이 난다'는 좋은 날에 빚은 술
205 **송화주** 봄날, 송화 향을 머금은 술
209 **송순주** 소나무의 정수를 담다
213 **죽엽청** 댓잎 사이로 부는 바람소리를 만끽하며
217 **꿀술** 벌들의 무수한 날갯짓에 감사하며
221 **송자주** 귀하고 영양 많은 잣술
225 **핵도주** 원기를 북돋아 주는 약술
229 **포도주** 술의 역사, 술의 시원
233 **이양류** 술의 종류가 다양하듯, 술 빚는 방법도 다양하다

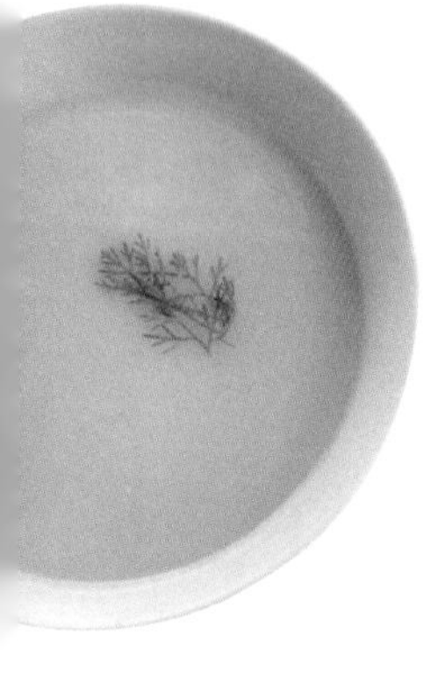

237 **일일주** 급히 술이 필요해 하루 만에 완성시킨 술
241 **계명주** 새벽닭 우는 소리에 술은 익어가고
245 **이화주** 하얀 눈 같아 백설향이라 불리는 술
249 **집성향** 엄마 품처럼 편안한 술
255 **청감주** 달달함이 생각날 때, 당 충전을 위하여
259 **소주 총방** 한 방울 한 방울 이슬을 받아내다
263 **내국홍로** 최고의 정성으로 빚은 술
267 **이강고** 음식을 조리하듯 빚은 술
270 **《동의보감》 속 술에 관한 내용**

제 3 장

계절별로 빚어 본 우리 술

275 **봄 술** **허클베리딸기주** 모험 삼아 도전해 본 술
279 **쑥건포도주** 봄에 빚기에 최적인 술
283 **진피매화주** 젊은이들 입맛을 사로잡은 술
287 **쑥갓꽃주** 보기 좋은 술이 마시기도 좋다
291 **치즈오디주** 치즈와 오디의 새로운 조합
295 **여름술** **매실오곡밥주** 식전주로 안성맞춤, 우리 술의 다양한 변화
297 **보리수사과주** 오묘한 색을 지닌 술
303 **꽃막걸리** 들꽃 예찬, 꽃으로 술을 빚다
307 **허브막걸리** 더웠던 한여름의 갈증을 해소해 준 술
311 **코코아귀리주** 후식으로 커피 말고 술 한 잔
315 **금전초(긴병꽃풀)소주** 우리 고유의 민트향을 더하다
319 **가을술** **멜론바나나백주** 행복을 가득 담은 술
323 **고구마탁주** 구황주에서 별미주로의 변화
325 **햅쌀농주** 가을 햇볕 아래 영글었던 곡식들을 담아내는 순간
329 **겨울술** **별천지소주** 우리 소주의 상큼한 변신
333 **가마솥식은밥술** 찬밥을 이용해 빚은 술
335 **비법가양주** 더해 빚어 이양주로 만드는 가양주

338 **에필로그**
술과 함께한 시
346 **술 빚기에 필요한 도구**

머리말

술을 만드는 일을 '술을 빚는다'라고도 하고 '술을 담근다'라고도 한다.
흙을 이겨서 형태를 만들어 내거나, 가루를 반죽하여 만두, 송편, 경단 등을 만드는 것, 지에밥과 누룩을 버무려서 술을 담그는 것을 '빚는다'고 하고, 여러 재료를 버무려 익거나 삭도록 그릇에 넣어두는 일은 '담근다'고 한다.
일정한 형태를 만드는 것을 빚는다고 하는데, 액체인 술도 빚는다고 한 것은 술이 단순한 음식을 넘어서 술을 만드는 사람의 감각과 생각이 담겨 향과 맛을 창조하므로 '빚는다'고 하였다. 여러 재료를 버무려서 항아리 속에 담는 '담근다'에는 김치나 젓갈처럼 술이 잘 익기를 바라는 지긋한 기다림의 마음이 담겨 있다.
결국 '빚는다'는 만들어 내는 것을, '담근다'는 기다림을 의미하므로 '빚는다'와 '담근다'라는 두 단어에는 술의 본성이 잘 담겨 있다.
옛사람들에게 술은 삶에서 없어서는 안 되는 중요한 음식이었다. 농사를 짓는 철에는 농주로, 밥을 먹을 때는 반주로, 몸이 아플 때에는 약주로서 늘 우리와 함께 하였다. 귀한 쌀이 농축된 한 잔의 술은 조상에게 바치는 최고의 음식이었으며 좋은 술을 대접한다는 것은 상대방에 대한 존경의 마음을 표현하는 최고의 방법이었다. 집안에서는 삼시 세끼를 먹기 위해서 밥을 짓듯 술을 빚었다.
고비용, 고 노동력이 요구되고 경조사와 손님 접대에 없어서는 안 되는 술이 잘못 만들어짐으로 생기는 파장은 대단했을 것이다. 지금이야 술맛이 성에 차지 않거나 부족하면 다시 사 오면 그만이지만 가양주에만 의존하던 시절에는 대안이 없었다. 잘못된 술을 조상에게 바치는 일은 불효를 저지르는 것으로 여겼고 술을 빚는 일은 가운과도 연결된다고 생각하였다. 그래서 술 빚기에는 자연스럽게 정신적인 압박이 가해질 수밖에 없었다.
잘 만들어진 좋은 음식은 선별된 재료를 깨끗이 손질하고 조리과정을 잘 숙지하여 정성껏 만든 음식이다. 맛있는 술도 좋은 쌀과 물, 잘 띄운 누룩 등의 좋은 재료를 바탕으로 위생 처리된 항아리, 용수, 삿자리 등의 도구와 더불어 술을 빚는 사람의 바른 마음가짐이 요구된다. 좋은 재료와 위생적으로 처리된 도구들은 눈에 보이는 조건들이지만 바른 마음가짐은 눈에 보이지 않는 것이라 애매하고 어려운 대목이다. 바른 마음가짐과 태도에 대한 중압감에서인지 음식인 술을 빚는 것을 명상, 참선의 한 갈래로 여기기도 한다. 물론 술을 빚는 것을 가벼이 여기는 것은 경계해야 하지만 바른 마음가짐에 대한 지나친 강조는 술을 빚는 일을 어렵게 생각하게 하기도 한다. 술 빚는 사람들 스스로가 술 빚기를 지나치게 미화시킨 것이 전통주와의 거리감을 느끼게 한 탓도 있다. 술을 마시는 가장 큰 이유는 술이 사람과의 관계에서 서먹함을 없애 주고 즐겁고 화목하게 지낼 수 있도록 도움을 주는 촉매제이기 때문이다. 결국 좋은 술은 사람들과의 관계 속에서 만들어지기 때문에 술을 힘든 마음으로 만드는 것보다는 기쁜 마음으로 만드는 것이 더욱 중요하다고 생각한다.

술을 담그기 전, 몸을 깨끗이 씻는 것은 바른 마음가짐의 시작이다. 몸이 불결하면 술을 오염시킬 수 있기 때문이다. 지금처럼 목욕을 자주 할 수 없었던 옛사람들에게 목욕은 큰 행사였다. 사람이 몸을 깨끗이 한 뒤에는 술을 담그는 도구들을 짚불로 소독하거나 햇볕에 널어 소독하는 등으로 술이 오염될 가능성을 철저히 차단한다. 술을 담글 사람과 술을 담글 도구가 위생적으로 준비되면 바른 마음가짐이 필요한 시간이다.

바른 마음가짐은 거창한 것이 아니라 술을 빚는 동안의 '고요'와 '여유'를 유지하는 것을 말한다. 고요는 마음의 고요와 주변 환경의 고요를, 여유는 세상사에 밀려다니지 않는 느긋함 즉, 시간의 자유를 말한다. 어수선한 환경과 바쁜 일정 속에서 술을 빚다 보면 반드시 소홀함이 있게 되고 좋은 술이 나올 수 없다. 술을 빚는 기간에는 고요와 여유가 유지되어야 맛과 향을 갖춘 아름다운 술이 나온다. 이렇게 빚어진 술은 눈으로 보기에도 맑을 뿐만 아니라 마셨을 때도 '청아한 맑음' 이 온몸에서 느껴진다. 반면 잡념 속에서 빚은 술은 나의 어수선한 마음을 여러 사람에게 나누는 것 같아 권하는 것을 주저하게 되고 마신 사람도 감흥을 느끼지 못하는 것 같다. 아마, 술 빚는 사람의 낯빛에서 느껴지는 자신감과 주저함이 술맛에 영향을 주는 것 같다.
술을 만드는 긴 작업 기간 동안 한결같은 마음으로 정성을 들이는 일은 만만치가 않다. 누룩을 만들어 온도와 습도를 살피며 곰팡이를 키우는 것은 갓난아이를 돌보는 일과 같고 맑은 술을 만들기 위해 백 번을 씻어야 하는 백세와 지에밥과 누룩을 섞는 치대기는 많은 노동력이 요구된다. 술이 발효되고 숙성되는 모습은 매번 조금씩 달라 항상 신경을 곤두세우고 있어야 한다. 정신적으로 무장을 해도 육체적으로 힘이 들면 술을 만드는 과정이 소홀해지거나 마음을 덜 내게 된다. 요행을 바라고 술맛을 보면 뿌린 만큼 거두는 농사의 결과처럼 술은 정성과 마음을 내어준 만큼의 술을 허락한다.
상대에게 온갖 정성을 기울인다는 면에서 술을 만드는 과정은 남녀가 만나 연애를 하고 결혼을 하는 과정과 같다. 술과 연애를 하는 것처럼 정성을 다하고 술의 상태에 집중하면 좋은 술이 빚어진다.
술을 잘 만드는 사람은 다른 사람의 마음도 잘 살필 수 있는 사람이다. 가끔 잘못 빚어진 술독을 바라보며 한숨을 쉬고 회한에 잠기기도 하지만 내가 들인 정성만큼 정확하게 보답하는 술이 주는 '정직성'이 나로 하여금 다시 술을 빚게 한다.
전통주에 대해서 관심을 갖기 시작할 무렵, 전통 조리서에서 술의 비중이 가장 큰 것을 보고 놀라움을 가졌었다. 호연지기를 최고의 미덕으로 여기던 선조들이 술을 중요하게 생각한다는 것도 알게 되었지만 동시에 약간의 실망감도 가졌는데 처음 들어보거나 빚기가 까다로운 술들이 많아 전문가만이 빚을 수 있다고 생각했기 때문이다. 그 뒤 술을 본격적으로 배우고 만들면서 와인과 맥주에 밀린 우리 술의 가능성을 알게 되었다. 물론, 공장에서 만들어진 우리 술이 인기가 있지만 술술 자리끼를 들이키듯 마셔야 하는 술로 낮추어져 있는 것이 안타까웠다. 좀 더 고급스럽고 다양한 맛의 술을 만들고 싶은 간절한 마음이 들기 시작할 즈음, 《임원경제지》 〈정조지〉를 만나게 되었고 제7장 '온배지류(醞醅之類)'에서 우리 전통주에 대한 비밀을 만나게 되었다.
비밀의 화원에 들어가는 심정으로 《임원경제지》 〈정조지〉의 '온배지류'를 복원하면서 선조들의 다양한 술의 종류와 빚는 방법에 대해서 탄성이 절로 나오곤 하였다.
술을 빚는 방법 이외에도 술을 빚는 사람이면 마땅히 지녀야 할 정성스러운 마음가짐에 대해서도 잘 나와 있어 경건한 마음이 들기도 하였다. 조선시대에는 밥으로 먹기도 어려웠던 쌀로 술을 담그는 일이기에 현대인보다 더욱 더 정성스러운 마음으로 술을 빚었을 것이다.

빚는 이가 온갖 정성을 다하여 만들었지만 정작 술의 주인은 마시는 사람이다. 술을 만든 사람은 마시는 사람의 평가를 가슴 졸이며 기다린다. 맑은 청주 한 잔에 얼마나 많은 쌀과 노력, 그리고 시간이 들어 있는지를 헤아리며 마치 차를 마시듯 술을 음미한다. 술맛이 기가 막히는구나! 가히 천하의 명주로구나! 술을 빚은 사람의 눈빛에 기쁨이 넘친다. 가슴을 졸이며 만들었던 몇 달, 아니 해를 넘겼던 긴 시간의 노고가 한순간에 사라진다. 다음엔 더욱 좋은 술을 만들리라 다짐한다. 술을 만드는 사람은 누구나 좋은 술을 만들고자 한다. 그리고 아름다운 마음을 가득히 담아 술을 빚고 싶어한다. 깨끗하게 쌀을 씻고 항아리를 소독하고, 눈에 보이는 정성을 더하는 일에 잡념이 없이 집중하여 만들지만 가슴은 항상 성에 차지 않았다.

왜 그럴까? 〈정조지〉의 '온배지류'를 읽으며 나의 번민의 원인을 알게 되었다. 내가 술의 뿌리를 모르고 만들었기 때문이었다. 구전으로, 인터넷 정보로, 책이나 술 이수자에게 술을 배웠지만 정작 내가 주인이라는 생각으로 술을 공부한 적이 없기 때문이다. '온배지류'의 체계적으로 분류된 우리 술을 만나며 먼 길을 돌아온 나의 여정이 떠올랐다.

'온배지류'를 읽으며 천하의 명주 만들기에 도전하던 선조들의 모습이 눈앞에 펼쳐진다. 현재 우리 전통주가 맥주와 와인의 질주를 따라가고 있는 실정이기에 우리의 전통주를 천하의 명주로 도약시켜야 한다는 사명감에 마음이 무거워진다. 전통주의 대량생산도 의미가 있지만 가양주처럼 수제로 만든 소량의 술이 앞으로 더 가치가 있을 것이라고 생각한다.

특히, '온배지류'에 담긴 다양한 계절주를 통하여 우리 전통주의 차별성과 가치를 알게 되었다. 와인이 가을의 산물인 포도로 만든 가을 계절주라면 우리는 봄이면 복숭아꽃, 송화, 여름이면 장미나 연꽃, 물푸레나무, 가을이면 국화 등을 직접 넣거나 향을 입혀 다양한 계절주를 빚었다. 자연에 대한 관심이 높아지면서 자연을 음식에 담으려는 노력들이 치열한 상황에서 우리 계절주는 앞으로 그 가치를 인정받게 될 것이다.

지금의 우리 술은 어둑한 현실을 벗어나지 못하였다. 한때 우리 술에 대한 관심이 늘어났지만 지금은 주춤하고 있는 상태다. 우리 술의 어둑한 현실 속에서 전통주가 가야 할 길을 〈정조지〉의 '온배지류'에서 볼 수 있었고 '온배지류'를 통해 꿈꿀 수 있게 되었다.

"《임원경제지》 전통 음식 복원 및 현대화 시리즈" 중 네 번째 편으로 나오게 된 《조선셰프 서유구의 술 이야기》에는 〈정조지〉 제7권 '온배지류'에 담긴 총론 6가지, 술 빚는 방법 11가지, 술 레시피 33가지와 〈정조지〉 속의 술을 복원하면서 얻은 영감으로 빚어 본 현대의 술 17가지, 그리고 이 책을 엮으며 술과 함께하였던 음식 15가지를 이야기 형식으로 풀어 담았고 술을 담그며 느꼈던 감흥을 틈틈이 시로 써 두었던 것을 사진과 함께 몇 편 실었다. 술을 담그는 방법 이외에도 이 책을 통해 술을 빚은 이가 술에 노래처럼 버무려 넣은 삶의 감동을 느끼기를 바란다.

〈정조지〉 '온배지류'의 술을 복원하는 과정은 지식을 아낌없이 나누고자 했던 서유구 선생의 순수한 마음, 긴 세월 공유되고 응축되어 내려온 지혜를 배우고 사계절의 아름다움을 느끼며 힘든 세상을 견디게 해 준 술이 빚어낸 많은 이야기들을 듣는 시간이었다.

꽃의 향기는 백 리를 가고 잘 빚은 술의 향기는 천 리를 가며 아름다운 사람의 진실한 향기는 만 리를 간다 하였다.

〈정조지〉가 쓰여 지고 200여 년이 흐른 지금, 우리 술의 현재와 미래가 어떤 방향으로 가야 하는지를 잠시 멈춰 서서 바라볼 수 있으면 좋겠다.

우리 전통주를 사랑하는 젊은이가 서유구 선생을 스승으로 모시고 펴낸 《조선셰프 서유구의 술 이야기》가 우리 술 발전에 미력이나마 도움이 되기를 바란다.

프롤로그

술을 빚는다는 것

술을 빚는다고 하면 사람들은 술 빚는 사람은 낭만적인 사람, 술을 빚는 행위는 삭막한 세상을 잊게 하는 소일거리로 생각한다. 사실, 술을 본격적으로 빚기 전에는 술을 빚는 일이 멋지고 낭만적인 일이라고 생각하였다. 지금도 처음 술을 빚을 때의 감동을 잊지 못한다. 외국의 한식당에서 일을 하면서 우리 것 특히 우리 음식에 대한 갈증이 있었다. 외국인의 입맛에 맞춘 한식을 만들면서 고민은 깊어져 가고 만사가 심드렁하고 우울하였다. 우리 음식을 외국인에게 제공한다는 자부심으로 먼 이국행을 택했는데 내 꿈도, 한식도 안개 속에 갇힌 기분이었다. 이상하게 스멀거리던 자괴감이 나의 온 신경을 괴롭혔다. 힘든 나날을 보내던 나는 귀국하였다. 어린 시절 즐거웠던 기억과 우울함을 달래기 위해 시골을 정처 없이 여행하다가 귀가를 할 즈음, 전통주를 빚는 일이 내가 해야 할 일이라는 생각이 들었다. 외국인의 입맛에 맞춘 한식에 한국 술이라고는 소주가 전부라 한없이 초라했던 모습이 바로 내 모습이자 우리 음식문화의 모습이었기 때문이었다. 처음엔 전통 한식을 공부하려 했으나 한식보다는 단 한 잔으로도 우리 음식문화의 깊이를 담을 수 있는 술을 택하였다.

술을 빚는 연륜이 더 길어질수록 술 빚는 일이 새록새록 어려워진다는 말도 술을 선택하게 한 이유다. 다른 음식처럼 이 사람 저 사람의 손을 빌려 만들 수 없고 술 빚는 과정을 소략하거나 조리법을 변형시키는 융통성은 다른 음식에서는 통할 수 있으나 술에서는 통하지 않는다. 내가 마음과 정성을 들인 만큼 한 치의 틀림도 없이 정확하게 맛과 향을 내 준다.

죽는 날까지 더 좋은 술을 빚기 위해 노력하는 주름진 양조인의 얼굴에 내 얼굴이 겹쳐진다. 가끔은 티끌만큼의 게으름과 방심도 허용하지 않는 술 빚기가 나를 힘들게 한다. 특히, 내가 원하는 술이 나오지 않았을 때는 좌절을 맛보기도 한다. 술을 빚는다는 것은 다른 사람의 인생을 빚어 내는 쉽지 않은 작업이니 너무 급하게 마음먹지 말자고 나를 다독이곤 한다. 가끔은 고통과 힘듦을 겪은 뒤에 나오는 내 마음에 드는 한 잔의 환희를 맛본다. 마치 우리의 인생처럼.

술을 빚어야 하는 이유

내가 술을 만들고 사는 곳은 농촌 마을이다. 마을 중심에는 큰 강이 굽이쳐 흐르고 강 주변에는 논과 밭이 있다. 날이 풀리면 논과 밭은 새 생명을 키워 낼 준비로 바쁘다. 감꽃이 필 무렵이면 막 논에 심어 놓은 어린 모들이 초하의 미풍에 하늘거리는 모습은 참 예쁘다. 한여름 내내 뜨거운 햇볕과 장대비에 온몸을 맡기고 자라날 어린 모가 목마르지 않도록 적당한 비가 내리기를 기도한다. 감이 익을 무렵이 되면 황금빛 바다로 변한 논을 바라보면 벅찬 감동이 밀려온다. 술의 시작은 쌀의 생산에서부터라는 생각에 기계를 이용하지 않고 농사를 지어보았다. 손바닥만 한 논이지만 모내기에서부터 가뭄을 타는 논에 물을 대는 일, 잡초나 피를 뽑는 일은 만만치 않은 일이었다. 서유구 선생이 땅에 떨어진 밥알을 물에 씻어서 다시 먹었다는 이야기가 생각났다. 밥을 버리는 일이 비일비재한 지금이 너무도 부끄러웠다. 농촌에 사는 어르신들을 접할 기회가 많고 농사를 거들어 본 적이 있어서 농사가 힘들다는 것은 익히 알고 있었지만 내가 직접 짓는 농사는 입에서 쓴 물이 올라올 정도로 힘이 들었다. 모내기를 하는 날, 미리 빚어 둔 막걸리 한 잔을 논두렁에 앉아 마셨다. 캬아~ 나도 모르게 어르신들이 하는 냥을 한다. 삶은 계란과 김치를 안주로 막걸리 두 잔을 마셨다. 온몸에 쌀이 만들어낸 생명의 에너지가 퍼진다. 쌀의 응축된 에너지다!

농사가 기계화되고 벼의 품종이 개량되면서 쌀의 수확량이 늘어나 쌀이 푸대접을 받고 있지만 쌀은 여전히 우리의 미래다. 쌀로 만드는 여러 가지 음식 중에서 술은 정말로 특별한 음식이다. 그리고 쌀을 소비할 수 있는 가장 좋은 소비처다. 술을 제대로 빚어보면 우리의 술값이 정말로 싸다는 생각을 하게 된다.

전통주가 비싸면 모두들 눈을 동그랗게 뜨고 왜 이렇게 비싸냐고 항의 아닌 항의를 한다. 쌀이 얼마만큼 많이 들어갔는지 양조인의 노고가 얼마나 들어갔는지는 아예 관심도 없다. 전통주는 값이 싸야 한다는 편견이 있다. 그래서 다양한 우리 술에 대한 기억은 없고 전통주라고 하면 막걸리를 떠올린다. 값이 싸고 고된 노동을 잊기 위해서 마셔야 했던 술!

와인의 가격이 비싸면 모두들 감탄을 한다. 전통주가 비싸도 감탄을 한다. 두 감탄은 뉘앙스가 다르다. 앞의 감탄은 경탄이고 뒤의 감탄은 한탄이다. 와인의 이름을 듣는 순간 어떤 품종의 포도로 만들었는지, 몇 년도 산인지 와인의 역사가 줄줄 나온다. 가보지도 않은 나라 양조인의 열정에는 경의를 표한다. 가격이 비싸도 좋은 술을 마셨다는 자부심 때문인지 불평도 없다. 와인이나 양주, 사케와 맥주는 세련된 문화를 상징하고 막걸리나 전통주는 고리타분하고 촌스러움의 상징이 되었다.
위의 모든 문제는 우리의 전통주에 대해서 모르기 때문이라고 생각한다. 다양한 전통주를 마셔 볼 기회가 없고 어떻게 만들어지는지 볼 기회도 없다. 우리 술을 체험할 기회가 있어도 수박 겉 핥기식이라 진정한 가치를 알기에는 무리다. 이는 우리 술의 역사가 일제강점기와 한국전쟁을 겪으면서 단절되었기 때문이다. 일제강점기에는 술을 빚어 먹는 것이 금지되어 몰래 밀주를 빚어서 먹어야 했고 쌀이 부족한 시기에는 밀가루로 막걸리를 빚어야 했다. 쌀막걸리의 부활은 배고픔과의 싸움을 종결하는 동시에 우리 술이 제 모습을 찾아가는 시작이기도 했지만 급속한 산업화로 우리 술은 공장에서 대량으로 만들어지게 된다. 모두들 같은 맛의 술을 저렴한 가격으로 마시게 되니 우리 술은 단순한 술로만 인식이 된다.
'쌀의 가장 아름다운 변신은 우리 술이다.' 쌀로 밥을 짓거나 떡이나 과자를 만들 수 있지만 가장 긴 여정을 거쳐야 하는 것이 술이다. 한 잔의 술이 내 앞에 놓여 있다. 내 몸으로 들어가기까지 얼마나 많은 고난의 시간을 거쳤는지를 생각하면 마음이 숙연해진다.
숙연한 나의 마음을 가만히 깨운다.
봄도 아니고 여름도 아닌데 꽃향기가 내 코끝을 간지른다. 술독에서 꽃이 피어났다! 찔레꽃, 매화, 장미 등 온갖 꽃이 독 안에 가득 피어났다.

우리 술이 품은 이야기

고려시대의 술 문화는 서긍(徐兢)이 지은 《고려도경(高麗圖經)》과 이규보(李奎報)의 《동국이상국집(東國李相國集)》에서 살펴볼 수 있는데 아래와 같다.

> "일반적으로 고려 사람들은 술을 즐긴다. 그러나 서민들은 양온서(良醞署)에서 빚는 그러한 좋은 술을 얻기 어려워서 맛이 박(薄)하고 빛깔이 짙으며, 사람이 마셔도 별로 취하지 않는다."
> "고려에는 찹쌀이 없고 멥쌀에 누룩을 넣어 술을 한다. 그 색깔이 짙고 맛이 독하여 쉽게 취하고 쉽게 깬다."
>
> 서긍 《고려도경》

> "젊을 때는 백주를 즐겨 상음(常飮)하였으나 벼슬길에 오르고는 청주를 마시게 되었다. 청주가 없을 때는 부득이 백주를 마시는데, 위에 차서 배가 부르니 불쾌하다."
>
> 이규보 《동국이상국집》

내용을 보면 궁중 양조 기관인 양온서의 술과 백성들이 즐겨 마셨던 술의 차이가 많이 남을 알 수 있다. 또 백주(탁주)보다는 청주가 고급이었고 일반 농부들이 청주보다는 백주를 즐겨 마셨음을 알 수 있는데 그 술은 맛이 박하다고 기록되어 있다. 조선시대로 넘어 오면서 주로 멥쌀로 빚었던 술에서 찹쌀 사용량이 늘어감에 따라 술맛도 좋아졌다.

조선의 왕 중 애주가로는 태종, 세조, 영조를 꼽을 수 있다. 그들의 신하 중에도 만만치 않은 주당들이 있었는데 세조의 신임을 받아 영의정까지 오른 정인지는 술을 마시면 주사가 심해 만취한 상태로 세조에게 '너'라고 부른 적도 있다고 한다.

반대로 술을 싫어하는 왕도 있었으니 대표적인 왕이 세종대왕이다.《세종실록》1422년(세종 4) 5월 26일 기사를 보면 정부와 육조가 세종에게 "이제 연일 비가 내려 십여 일 동안 개지 않고 있습니다.…… 바라건대, 종묘와 사직을 위하여 억지로라도 한 잔 들어 성체(聖體)를 보호하시고, 길이 백성을 편케 하소서."라며 '소주'를 권한 기록이 있다. 세종은 "술은 나와는 맞지 않다"라며 거절했으나 대신들의 간곡한 청에 못 이겨 어쩔 수 없이 소주잔을 들어 반잔을 마셨다.

사실 소주는 우리네 체질에 썩 맞는 음료가 아니었다. 실제 소주를 많이 마시고 죽은 경우가 있는데 그중 한 명이 이성계의 맏아들 이방우였다.《태조실록》1393년(태조 2) 12월 13일 기사에 보면 "진안군(鎭安君) 이방우(李芳雨)는 임금의 맏아들인데, 성질이 술을 좋아하여 날마다 많이 마시는 것으로써 일을 삼더니, 소주(燒酒)를 마시고 병이 나서 죽었다." 라는 기록이 있다. 또 술에 관한 웃지 못할 일도 있었다.《영조실록》1736년(영조 12) 4월 24일 기사에 보면 영조 임금이 흥정당(興政堂)에서 밤중에 경연을 베풀고 난 후 신하들에게 술을 하사했는데 검토관 조명겸이 "백성들 사이에 들리는 소리를 가만히 들어보니 성상께서는 술을 끊을 수 없다고들 하는데 신은 그 말의 옳고 그름을 알지 못하겠지만 오직 바라건대, 조심하고 염려하며 경계함을 보존토록 하소서."라며 한소리를 하자 당시 금주령을 내린 영조가 이를 알고 겸연쩍어하며 "내가 목이 마를 때에 간혹 오미자차를 마시는데, 남들이 간혹 소주인 줄 의심해서이다."라며 변명을 한 기록을 볼 수 있다. 궁색해 보이지만 나름 체면을 차린 변명이다.

조선시대에는 실제로 금주법이 많이 시행되었다.《세종실록》1420년(세종 2) 윤1월 23일 기사를 보면 "술을 금지할 적마다 청주를 마신 자는 죄에 걸린 적이 없고, 탁주를 마시거나 사고판 자는 도리어 죄에 걸리니, 사정이 딱하다. 지금부터 술을 금하는 기간이라도 무릇 부모 형제에 대하여 환영이나 전송을 하든지, 혹 늙고 병든 사람이 약을 마신다든지, 이를 위하여 매매하는 자는 금하지 말고, 그 놀기 위하여 술을 마시는 자와 다른 사람을 맞이하거나, 전송하느라고 마시거나, 매매하는 자는 일체로 금지함이 어떠할지 의정부와 육조와 대간이 의논하여 아뢰라."고 하였는데, 실제로 청주처럼 고급술은 죄가 되지 않고 그렇지 않으면 죄가 되는 불합리한 경우도 있었고, 이러한 불합리함을 바로잡기 위한 정책도 있었다. 또《태종실록》1407년(태종 7) 8월 27일 기사를 보면, 금주법 제정을 위한 사헌부의 소(疏)에 대한 의정부의 의견에 "각사(各司)의 병술[甁酒]과 영접(迎接), 전송(餞送), 귀신에게 제사, 다탕(茶湯)을 빙자해서 허비하는 일은 일절 금지하고, 조반과 길거리에서 술에 취해 난잡하게 구는 대소원리(大小員吏)를 규찰하게 하며, 단지 늙고 병들어서 약으로 먹는 것과 시정(市井)에서 술을 팔아 살아가는 가난한 자는 이 범위에 두지 않게 하소서."라고 하였다. 이렇듯 단편 일률적으로 내려진 법이 아닌 시대 상황을 잘 반영한 법도 볼 수 있다. 최근 우리나라 주세법도 작은 변화의 틈을 보이기 시작하였는데 이제라도 변화한다는 것이 다행스러우면서도 한편 안타깝다. 일제강점기에 주세를 걷어 전쟁자금에 보태기 위해 만들기 시작했던 주세법이 최근까지도 바뀌지 않고 시행되고 있으니 말이다. 아직 갈 길이 멀지만 시작이 반이라고 했으니 현대의 상황에 잘 맞는 법이 조율되어 나오길 바란다.

'모래미'라는 말을 어디선가 어렴풋이 들었던 기억이 난다. 빽빽주, 원주 등 술을 완성시킨 후 물을 타지 않고 걸러낸 상태의 것을 이르는 말로 일본말이다. 이 말을 다시 듣게 된 것은 공주 원골마을 어르신들과 담소를 나누는 자리에서였다. 이곳은 산 사이에 형성된 마을로 다른 옛 마을과 같이 이곳에서 자체적으로 농산물을 길러 생활에 보태고 부업으로 허드렛일을 하며 자식들을 키워온 곳이다. 이분들에게서 세월이 선사한 나이테를 보고 있자니 길었던 과거의 순간들을 어렴풋이나마 느낄 수 있었다. 한 잔의 술로 그 노고를 조금이나마 덜어드리고자 한 잔씩 술을 따라드리고는 이내 터져 나오는 그들의 이야기에 귀를 기울였다. 사방에서 누가 들을세라 한마디씩 거드는데 그 소리들이 모이고 흩어짐을 반복했다. 그 이야기들을 잠깐 글로 옮겨 이날의 흔적을 나눠보고자 한다.

어르신 1 : 술맛 좀 봐. 아이구, 술이 상당히 세다.

어르신 2 : 이거 한 잔 마시면 취하겠어.

어르신 1 : 이거 모래미네, 모래미. (모래미는 일본어로 모로미로 알려짐)

어르신 3 : 이거 다른 거 안 넣고 만든 거지?

나 : 네, 찹쌀이랑 누룩 물만으로 만들었어요.

어르신 3 : 아이고 자넨 벌써 다 비웠어?

어르신 4 : 응. 얼른 먹고 더 마시려고 하하하.

어르신 2 : 그러다 취하면 어떡해.

점차 어르신들이 한 분 두 분 더 들어오시고 한 잔씩 술을 드린다. 반가운 봄비가 내린 날이라 농사일을 막 마치고 오신 분들도 더러 보인다.

어르신 5 : 나도 한 잔 주는 거야?

나 : 네. 어르신 한 잔 드세요. 술 도수가 높으니 천천히 드세요. 혹시 이 마을에도 예전에 양조장이 있었나요?

어르신 5 : 그럼. 여기 근처에도 양조장이 있었어. 건너 마을에도 있었어. 지금은 다 없어졌지. 집에선 여자들이 전부 술을 빚었어. 남자들은 빚을 줄 몰랐지. 양조장에나 가야 남자가 술을 빚었어.

어르신 1 : 술 몰래 빚어 먹었어.

어르신 5 : 농사지으러 갈 때도 소 끌며 농사지었는데 힘이 들어서 술 없으면 지을 수가 없어. 그래서 술을 가져가는데 통에도 못 담아 갔어. 걸리면 안 되니까.

어르신 3 : 벌금이 셌지.

어르신 2 : 맞어, 벌금 셌어.

어르신 4 : 그래도 걸린 사람은 한 명도 없었을걸?

술 한 잔 드시고는 갑자기 여기저기서 콩깍지 터지듯 옛날이야기들을 털어내신다. 터져나온 이야기들은 알알이 다 개성 있으면서도 또 비슷비슷하다. 누구 들어줄 사람은 개의치 않고 자신들의 이야기를 내뱉는 모습이 읍내 오일장을 방불케 한다.

그 속내 이야기는 장작이 타고 남긴 목탄과도 같다.

무언가 감춰두었던 이야기를 손주들에게 하듯 조곤조곤 말씀하시는 분들이 있는가 하면 술 한 잔에 힘을 빌려 목청 높여 이야기하시는 분들도 있다. 그들 모두가 한목소리로 옛 원골의 모습을 그려낸다. 지금도 모두들 눈앞에 선한 듯이 이야기로 그려내는데 그 붓놀림이 자못 진지하다. 이렇듯 우리는 오랜 역사 속에 수많은 이야기들을 품고 있고 이렇게 물결치듯 입에서 입으로 떠돌아다녔다.

그렇다면 우리 선조들의 술 문화는 어떤 모습이었을까. 과거 부여의 영고, 고구려의 동맹, 동예의 무천 그리고 삼한의 오월제, 시월제는 모두 국가적인 제천행사이며 씨를 뿌린 뒤 농사의 풍요를 하늘에 기원하고 곡식을 거둔 뒤 하늘에 감사하는 행사였다. 이때의 기록을 보면 '주야음식가무(晝夜飮食歌舞)'하였다는 표현을 볼 수 있는데 큰 행사인 만큼 이날은 모두 음식을 장만해 아끼지 않고 먹고 술도 밤낮으로 마시며 다 같이 기뻐하고 축하해 주는 자리였다. 또 음력 5월 5일, 순우리말로 '수릿날'로 불리는 단오는 4대 명절 중 하나로 지금은 그 규모가 많이 줄었지만 우리나라뿐 아니라 같은 농경사회였던 중국과 일본 등

지에서도 여전히 중요하게 여기는 명절이다. '수리'란 고어로서 '고(高)', '상(上)', '신(神)' 등을 의미하는데, 5월 5일이 그만큼 중요한 날임을 그 말에서 알 수 있다. 최고의 날로 지칭되는 단오에는 창포 삶은 물로 머리를 감고 얼굴도 씻으며 수리취를 넣어 둥글게 절편을 만들어 먹기도 하였다. 또한 술도 빠질 수 없는데 《임원경제지》에 보면 "5~6월경에 창포 뿌리를 캐어 즙을 낸 다음, 찹쌀로 지에밥을 쪄서 누룩과 합하여 빚는다."고 하였다. 한편 미리 빚어둔 청주에 창포 뿌리를 넣어 그 향기와 약성을 침출하여 술과 함께 마시는 모습도 볼 수 있는데 더워지는 여름을 대비해 몸을 다스리고 동시에 즐기는 모습을 볼 수 있다.

이렇듯 우리나라에서는 술을 계절과 그 절기에 맞게 빚어 마셨으며 이는 우리 선조들의 다양하고 풍부한 지식이 켜켜이 쌓인 결과물이다. 예로부터 마을마다 명절과 절기 행사를 해오며 지식의 축적물이 전승되어 왔으나 이러한 문화행사들의 맥이 많이 끊기고 간소화되면서 공동체가 지닌 가치가 소실되었다. 우리는 엔터테인먼트라는 기업적 자본이 내놓는 가공된 문화에 열광하며 의존적으로 소비하고 있다. 자본주의의 원칙이 낳은 문화는 가치의 창출보다는 소비적 성향으로 흐르고 있고 많은 이들은 소비자의 역할을 강요당하고 있다.

우리는 지역 행사와 축제에 조금 더 시간을 투자할 필요가 있다. 무에서 유를 창조해 내기란 쉽지 않다. 하지만 이미 선조들이 쌓아왔던 경험을 책 속에서, 이야기 속에서 끄집어내 공유하는 것은 우리가 시간과 노력을 투자하면 얼마든지 할 수 있다. 그래서 책의 한 편에 우리나라 사계의 특색을 잘 살린 술을 만들어 실었다. 이러한 계절성을 지닌 다양한 술들이 시중에 많이 나오고 그것과 연관된 다채로운 문화들이 생성되어 개인의 가치와 생각을 획일화시키고 있는 시대의 틀을 조금씩 변화시켜 나가길 바란다. '노인 한 명이 죽는 것은 도서관 하나가 사라지는 것과 같다'라는 말이 있듯이 시간이 가져다준 지혜의 값어치는 돈으로 따지기 힘들다. 이번 〈정조지〉 속 술편을 풀어내며 그 의미를 다시 한번 새기고 시대에 맞는 새로운 문화가 만들어지길 바란다.

〈정조지〉에 담긴 술과 계절로 풀어본 우리 술

〈정조지〉에 실린 소국주를 빚을 때였다. 술을 빚어 연구소 직원들과 시음을 하는데 국장님이 소국주라는 이름을 듣고는 "이거 앉은뱅이도 일어서게 한다는 술 아니야?" 하신다. 팀장님께서 "그게 아니라 술을 먹다보면 취하는 줄 모르고 먹어 어느새 취해버려 앉은뱅이가 된다는 술이에요." 라며 이야기를 주고받는다. 이렇듯 재미있는 이야기를 주고

받게 해준 소국주는 앉은뱅이 술로 유명한 한산 소곡주와는 또 다른 방법으로 빚는 술이나 그 이상의 이야기도 만들어 낼 수 있는 맛이 좋은 술이었다.

〈정조지〉에 소개된 소국주의 레시피는 《증보산림경제》 소국주의 기원을 토대로 한 '민간의 방법[俗法]'을 소개하고 있는데, 조상들이 개선하고 전수해 나간 것이라 문헌을 읽어가면서 애착이 가고 더욱 편하게 다가왔다. 수국(水麴)된 물과 백설기를 활용해 술을 빚고 거기에 고두밥을 덧대어 완성시키는 술로 봄술 중에 으뜸이란 표현을 쓴 만큼 맛과 향이 뛰어나다. 또 "술이 완성되고 1주일 후 항아리를 열어 술이 괸 자국을 깨끗한 헝겊으로 닦아 낸다."고 하여 술을 빚을 때 주의할 점을 소개하였는데, 술이 술독에서 만들어질 때 술이 발효되며 술덧이 부풀었다 줄어드는 과정을 거치는데 이때 술 표면이 올라갔다 내려오면서 술독 안에 자국을 남긴다. 이를 '술띠'라 부르는데 이렇게 술이 괸 자국에 잡균이 서식할 수 있기에 주의해 닦아내라고 하는 것이다. 이처럼 다른 술의 제법에는 잘 나타나지 않는 위생적인 면까지 기록되어 있어 술이 전승되면서 소홀히 할 수 있는 부분까지 염려하는 마음이 잘 담겨 있다.

완성된 소곡주 술독의 향을 맡아 보니 옛날 식빵에서 풍기는 향이 났다. 건과일과 밤 등이 함께 곁들여져 달콤하면서도 효모 향이 어우러진 향이었다. 상큼한 오렌지 향이 은은히 침을 꼴깍 삼키게 만들었다. 우리 술은 쌀과 누룩으로만 빚는데도 다양한 향을 내는 특징이 있다. 우리 술이 품고 있는 자연의 향을 방향이라고 하는데 포도로만 빚은 와인에서 꽃 향, 허브 향, 커피 향, 과일 향을 느끼듯 우리 술도 다양한 향을 담아 낼 수 있다.

《임원경제지》 〈정조지〉 '온배지류'에는 총 106종의 술이 실려 있다. 약술 제조법까지 더하면 그 가짓수가 200종에 달한다. 그중 약술 파트를 뺀 106가지 술은 부재료가 가미되지 않은 술들이다. 하지만 그 많은 종류의 술 하나하나가 다 다른 매력을 가지고 있다. 쌀을 가공하는 방법에서 미음, 죽, 범벅, 설기떡, 구멍떡, 개떡, 고두밥과 같은 다양한 방법이 동원되고 빚는 횟수에 따라 단양주, 이양주, 삼양주와 밑술을 가지고 만드는 술 그리고 밀, 밀가루, 녹두 등 누룩의 종류에 따라 익히는 방법 또한 달라지면서 수많은 종류의 술이 빚어진다. 이를 응용해서 술을 만들면 우리 술이 가진 매력이 확실하게 드러날 것이다.

〈정조지〉에 실린 술을 11가지로 대분류한 다음 술 빚는 다양한 방법에 따라 총 106종류가 소개되어 있다. 부록으로 약재를 이용하여 빚는 술 60여 종이 실려 있으며 《임원경제지》 〈보양지〉에 자세히 기록되어 있다. 또한 〈정조지〉 권 6 '누룩과 엿기름' 편은 좋은 술을 만드는 데 가장 중요한 '누룩디디는 법'에 관해 여러 예를 들어 자세히 설명하고 있다.

〈정조지〉에 소개된 술의 종류

대분류	분류 방법	세부 종류
이류 酏類 17가지	청주라고도 하며 술을 빚은 후 맑게 걸러 마시는 술들을 말한다.	백하주, 향온주, 녹파주, 벽향주 I·II, 유하주, 소국주, 부의주, 동정춘, 경액춘, 죽엽춘, 인유향, 석탄향, 벽매주, 오호주, 하향주, 향설주
주류 酎類 5가지	중양주라고도 하며 이양주, 삼양주와 같이 거듭하여 빚은 술을 말한다.	호산춘, 잡곡주, 두강춘, 무릉도원주, 동파주
시양류 時釀類 14가지	계절주로 불리며 계절의 기운을 빌려서 빚는 술을 말한다.	약산춘, 삼해주, 춘주, 속미주, 법주, 청명주, 삼구주, 서미법주, 당량주, 갱미주, 납주, 칠석주, 분국상락주, 동미명주
향양류 香釀類 13가지	꽃잎 및 일체의 향료를 빌어 빚는 술이며 술의 힘을 빌어 향을 더해 만드는 것을 말한다.	도화주, 도로양, 송화주, 죽엽청, 하엽청, 연엽양, 영주, 국화주, 만전향주, 밀온투병향, 꿀술(밀주), 화향입주법
과라양류 菓蓏釀類 6가지	나무 열매, 풀 열매로 빚는 술이며 열매를 쌀과 함께 빚거나 열매만을 가지고 빚기도 한다.	송자주, 핵도주, 상실주, 산사주, 포도주, 감저주
이양류 異釀類 6가지	보통 술 빚는 방법과 다르게 빚는 술의 종류를 말한다.	청서주, 봉래춘, 신선벽도춘, 죽통주, 지주, 포양방
순내양류 旬內釀類 10가지	10일이 차지 않고도 익어 마실 수 있는 술의 종류이다.	일일주, 계명주, 삼일주, 하삼청, 백화춘, 두강주, 칠일주, 사절칠일주, 급수청, 계명주
제차류 醍醝類 5가지	홍국이나 분국 등 독특한 누룩을 사용하는 술과 술의 형태가 우윳빛 같은 술들이 있다.	천태홍주, 건창홍주, 하동이백주, 백주, 왜백주
앙료류 醠醪類 5가지	탁주로써 술을 빚으면 맑은 청주보다 탁주의 양이 많이 나오는 술들을 말한다.	이화주, 집성향, 추모주, 백료주, 분국백료주
예류 醴類 4가지	감주라고 칭하며 보통의 술보다 단 정도가 강한 술들을 말한다.	감주, 청감주, 왜농주, 왜미림주
소로류 燒露類 21가지	소주, 화주, 노주라고 불리며 발효주를 소줏고리를 이용해 증류시켜 높은 도수의 술을 받아낸 술들을 칭한다.	소주총방, 내국홍로, 노주이두방, 절주, 관서감홍로, 관서계당주, 죽력고, 이강고, 적선소주, 삼일노주, 모미소주, 소맥노주, 교맥노주, 이모노주, 송순주, 과하주, 오향소주, 포도소주, 감저소주, 천리주, 왜소주

〈정조지〉의 술 빚는 방법을 살펴보면 놀랄 만큼 세세하게 기록된 술 레시피를 많이 볼 수 있는데 심지어 한 쪽짜리 분량의 레시피도 여럿이다. 어떤 레시피는 여러 번 읽고 이해가 됐다고 생각하고 술을 빚어 보지만 〈정조지〉와 다른 모습일 때도 있다. 다시 책을 보고 반복해서 읽다 보면 내가 놓쳤던 부분이나 잘못 이해했던 부분이 보이기도 한다. 술맛을 볼 때 〈정조지〉 속에 설명된 술맛이 아니라서 다시 빚어 보기도 하였는데 술맛은 물, 온도, 누룩에 따라서 달라지므로 너무 집착하지 않기로 하였다.

《조선셰프 서유구의 술 이야기》를 쓰며 〈정조지〉 속의 술을 복원하는 과정에서 여러 술과 친해질 기회가 생겼고 나아가 책을 통해 배운 기본을 토대로 각 계절에 나는 다양한 재료를 응용해 계절주를 만들어 보았다. 추운 겨울엔 나만의 방법으로 이양주, 삼양주 등을 빚어 보았고 지역에서 많이 생산되는 딸기로 딸기주도 만들어 보았다.

딸기주는 집에서 발효시켰는데 그동안 집안 온도가 술 발효실만큼 따뜻하지 못해 〈정조지〉의 포양법을 통해 술독을 안아 가며 빚었다. 날이 조금 풀리고는 지천으로 나는 쑥으로 술을 담그고 매화를 따다 말려서 진피매화주를 만들었다. 좋은 보리수가 구해지면 이를 이용한 술을 빚고 6월에 핀 쑥갓 꽃을 이용해 술도 담갔다. 날이 더워지니 막걸리 형태의 술을 빚는데 마침 밭에 허브들이 잘 자라주어 허브막걸리를 담그고, 야생 꽃과 고수에서 핀 꽃으로 막걸리도 담가 마셨다. 한여름엔 가볍게 만들어진 막걸리만큼 힘이 되는 술도 없었다. 그 이후에도 햅쌀로 만든 술, 차전초(긴병꽃풀)를 이용한 술, 계절의 곡식과 과일로 만든 술 그리고 직접 내린 소주를 이용한 술들도 만들어 보았다.

다양한 술을 만들어 여러 사람들과 함께 나눠 마시니 다양한 반응 속에서 피어나는 기쁨도 맛보았다. 이렇듯 〈정조지〉는 자기만의 창조물을 만들어 내고자 하는 이들에게 새로운 지침서가 되는 중요한 책이다. 또 술을 처음 빚는 이들도 어렵게만 여기지 말고 한번 만들어 보면 술이 만들어지는 과정에서 두려움의 문을 연 자신의 용기에 박수를 보낼 것이다. 그렇게 제 시간을 통해 만들어지는 제대로 된 술을 한번 마셔 보자. 술 한 잔에 든 쌀알의 무게를 감히 잴 수 없으나 언젠가 큰 호수 술통 삼아 마시듯 호탕하게 술을 비우고, 달이 차오르는 속도만큼 술잔을 채워 가며 밤을 새워 연꽃 터지는 소리가 들릴 때까지 느긋이 마셔도 보고 싶다. 이 글을 쓰는 순간에도 술독의 술은 어김없이 익어 가고 그 향기는 깊어져만 가니 고마울 따름이다.

우리 전통주의 미래

"봄이 오면 산에 들에 진달래 피네."

산에 들에 진달래 필 무렵, 시골 장터에 가면 냉이, 풍년초, 망초, 지칭개, 원추리 등 온갖 나물을 만나게 된다. 이때야말로 애쓰지 않아도 제철에 맞는 음식을 먹을 기회가 늘어난다. 제철에 나는 음식을 먹는 것! 지극히 자연스러운 일이었지만 농업 분야에서도 생산과 소득 증대가 목표가 되고 대량생산으로 이어지면서 우리 먹거리 문화도 많은 변화를 겪었다. 물론, 사시사철 생산되는 식재를 저렴한 비용으로 즐길 수 있지만 제철 음식에 대한 개념은 많이 흐려졌다. 특히, 우리 선조들은 만물이 싹을 내는 초록의 봄, 생명이 성장

하는 녹색 여름, 생명에 단물을 들이는 붉은 가을, 눈속에서도 생명을 내는 흰빛 겨울로 제철주와 가양주를 빚어 제철 음식과 함께 즐겼다.
냉장냉동 시설이 없어 제철 재료로 살아갈 수밖에 없었던 시절, 우리의 음식과 술은 활기차고 생생하였을 것이다. 생산성이 낮아 풍요롭지 않았기에 식재료를 귀히 여겼고 버리는 부분 없이 요모조모로 음식에 활용하였다. 귀한 밀이나 곡식으로 만든 누룩과 엄청난 양의 쌀이 들어가고 노동력과 시간이 들어가야만 하는 술은 빚는 과정에 정성을 쏟을 수밖에 없었다.
계절에 맞추어 빚은 술은 제철 음식과 함께 밥상에 올라 제철 기운이 우리 몸에 잘 스며들 수 있도록 도와주었다. 이것이 자연의 순환이요 자연스러운 어울림이다. 지금은 생산지와 생산자, 생산과정도 모르는 음식들을 마음껏 배불리 먹는 시대다. 간편하고 맛있게 먹는 것에 열중하다 보니 우리 몸과 자연의 어울림은 무시되었고 여러 가지 부작용들이 나타나고 있다.
먹는 것이 사람을 지배한다는 말이 있다. 우리가 무엇을 먹느냐는 너무나 중요해서 여러 노력과 시도들이 이어지고 있다. 때맞춰 나오는 제철 재료를 정성 들여 바른 방식으로 조리해서 먹는 것으로도 우리 사회의 다양한 갈등을 해결하는 단초가 될 수 있다고 생각한다.
이런 믿음이 술을 빚고 음식을 만들어 여러 사람과 함께 나누고 싶은 내게 큰 기둥이 되어준다.

다른 나라의 술 빚기

중국의 마오타이주 중국의 명주(名酒)인 마오타이주의 생산지로 유명한 구이저우(貴州)성 마오타이(茅台)에 갔을 때의 일이다. 마오타이주는 흙속에서 술을 발효시키는 전통방식을 고수해서 만들기 때문에 술을 빚는 과정이 힘이 든다. 땀으로 범벅이 된 양조인들이 거대한 규모의 양조 시설에서 많은 양의 술을 빚고 있었는데 마을을 흐르는 강은 황토색이었다. 물이 탁해서 증류주로 마시는 방법을 오래전부터 터득해왔던 것으로 생각되었다. 프랑스와 스위스 국경 지역의 계곡에서 뽀얀 우윳빛 물이 쏟아져 내리는 것을 보고 갑자기 투명한 맑은 물이 쏟아지는 우리나라의 계곡이 그리워졌던 적이 있었다. 유럽 대륙은 대부분의 나라가 석회암지대에 있어 흐르는 물을 식수로 사용할 수가 없어 맥주와 와인이 발달하였다고 하는데 나쁜 수질이 결국 세계 주류시장을 선도하는 맥주와 와인이라는 쌍두마차를 이끌게 한 것이다. 술을 빚다 보면 물맛에 신경을 쓰게 된다. 가급적 좋은 물로 빚고 싶어 유명 약수터에서 물을 길어다 술을 빚기도 하였지만 기대를 충족시키지는 못하였다. 술은 환경도 중요하지만 나쁜 조건을 극복하려는 사람의 의지가 만들어낸 값진 노력의 산물이라는 것을 깨달았다.

베트남의 전통주 쌀 문화권인 베트남에도 쌀로 빚은 전통주가 많다. 기후 특성상 2모작, 지역에 따라서는 3모작이 가능해 쌀을 이용한 전통주가 발달한 것이다.
그 영향으로 베트남인들은 식사와 함께 반주를 즐긴다. 지금도 많은 가정에서 전통주나 약주를 만들어 먹는다. 베트남에는 많은 전통주가 있지만 그중 베트남 반딘성의 바우디와 롱랑성의 고댕주, 그리고 넵머이(Nep Moi)가 유명하다.
바우디는 이 지역의 천연수로 만들어 많이 마셔도 숙취가 없다. 고댕주는 메콩강 델타지역에서만 생산되는 독특한 쌀로 만들어 그 맛과 향이 좋다.
넵머이는 찹쌀로 만든 술로 소주처럼 투명하다. 30도에서 40도 사이로 다양한 도수의 넵머이가 있다. 넵머이는 독주지만 누룽지처럼 구수한 향과 옥수수처럼 달콤한 맛을 가지고 있다.

캄보디아의 전통주 캄보디아의 전통주는 역사가 길지만 프랑스 지배의 영향으로 많은 전통주가 맥을 잇지 못하고 있다. 지금은 우리의 소주라 할 수 있는 '쓰라 써'가 소규모 가내수공업 형태로 그 명맥을 잇고 있다. '쓰라 써'는 하얀 술이라는 뜻으로 색이 투명하여 백주(白酒)라고 한다. 이스트를 넣어 발효시킨 쌀을 끓는 물에 섞은 다음 소주 내리는 방법으로 내린다. '쓰라 써'는 위생 개념이 없이 만들어지고 있어 그 확산에 한계가 있다. 산업화와 전통의 접점이 필요하다.

네팔의 전통주 산악 지역인 네팔은 조, 수수, 기장 등 잡곡으로 만든 술 퉁바(Tung Ba)가 많은 관광객의 사랑을 받고 있다. 발효시킨 곡물을 쇠통에 담아 커피처럼 뜨거운 물을 내린 다음 마신다. 도수가 5~6도 정도로 낮아 누구나 부담없이 마실 수 있다.
퉁바의 장점은 여러 번 내려 먹을 수 있다는 것이다. 물론, 물을 여러 번 부으면 술의 도수가 내려가면서 우리 몸도 자연스럽게 깨어난다. 도란도란 이야기를 나누며 먹을 수 있는 것이 퉁바의 가장 큰 매력이라고 생각된다.

멕시코의 데킬라 '태양의 술'이라고도 불리는 데킬라는 멕시코의 대표적인 수출품이다. 선인장인 용설란을 채취하여 자연 상태로 두면, 하얗고 걸쭉한 술이 된다. 이것을 풀케라고 하는데 이를 증류한 것이 데킬라다. 40도 정도로 도수가 높지만 부드럽고 달콤하다. 데킬라는 전통적으로 손등에 소금에 올려놓고 핥으면서 마시거나 레몬과 함께 먹기도 한다. 얼음처럼 투명해 칵테일과 잘 어울리는 데킬라는 원래 고가의 술이 아니었으나 재즈의 열풍을 타고 미국에서 널리 마시면서 전 세계적으로 알려지기 시작했다.

바른 음주문화

술처럼 사람과 희로애락을 같이 하는 음식이 어디 있을까?
기뻐서 한 잔, 슬퍼서 한 잔, 화가 나서 한 잔, 즐거워서 한 잔!
술처럼 사람의 운명과 나라의 흥망성쇠를 가르는 음식이 어디 있을까? 천하의 영웅도, 천하의 독재자도 파멸로 이끌고 기회를 위기로 바꾸기도 하는 것이 술이다.
인간의 성정을 가지고 있는 그리스 신화 속의 주신(酒神) 디오니소스는 우리가 가장 좋아하는 신이다. 디오니소스는 포도와 포도주의 신이며 다산과 풍요의 신이다. 또한 기쁨의 신이자 광란과 황홀경의 신이다. 죽었다 다시 살아난 신으로서 부활의 신이자 잔인함과 즐거움이 공존하는 도취와 쾌락의 신이다. 사람이 술을 마시고 하는 다양한 행태들이 디오니소스의 모습이다. 술을 마실 일이 있으면 '주신을 모시러 간다'고 하고 술을 마시고 취기가 돌면 '주신이 내렸다'고 한다. 디오니소스는 불완전한 신이다. 불완전한 신의 황홀경과 도취와 쾌락을 좇아서는 안 된다. 우리는 완전한 주신 즉, 절제하면서 마시려는 의지를 주신으로 모셔야 한다.
술은 관상용이 아니다. 술은 사람을 위해 존재하지만 선과 악처럼 극단적인 양면이 있다. 양조인이 아무리 좋은 술을 빚어도 술자리 끝이 좋지 않으면 좋은 술이라고 할 수 없다. 내가 애써 빚은 술이 사람들과의 관계를 더 다정하고 더 화목하게 만드는 역할을 하기를 술을 빚는 사람이면 누구나 원할 것이다. 적당하게 마신 술은 감정을 고취시켜 위대한 예술을 탄생시키기도 하고 불가능할 것 같은 사랑을 이루게도 한다. 옛 선조들은 술을 마시면서 시를 짓거나 읊기도 하고 노래를 부르는 낭만적이고 문학적인 술자리를 즐겼다. 지금 우리의 술자리는 어떤가? 남을 비방하거나 다른 사람에 대한 섭섭함을 여과 없이 드러내는 자리로 생각한다. 좋은 술을 만드는 것보다도 술을 바르게 즐기려는 음주문화가 더욱 절실히 요구되는 시대다. '술은 어른 앞에서 배워야 한다'는 말이 있다. 술은 절제를 하는 것이 중요하다는 뜻이다. 좋은 술을 만드는 것보다 더 중요한 것이 절제를 하면서 아름다운 모습을 잃지 않고 마시는 음주문화라는 것을 가슴에 새기는 것이 더욱 중요하다.

제 1 장

술의 총론

〈정조지〉 권7 '온배지류'의 우리 술 편에서는 우리가 평소에 접하지 못한 다양한 종류의 술들이 기록되어 있다. 그 당시 서유구 선생이 발품을 팔아 구한 여러 책에서 발췌한 술에 대한 이야기들을 가감 없이 나열해 놓았다. 무엇보다 술 빚는 방법에 앞서 술이란 무엇인가를 잘 알고 배운 뒤 술을 만들었으면 하는 바람이 담겨 있다. 그 부분은 제 1장의 '술의 총론'과 '술 빚는 여러 방법'에서 풀어 설명해 놓았다.

〈정조지〉 권6 '미료지류' 앞장에는 누룩과 엿기름 만드는 방법에 대한 설명이 나와 있다. 누룩의 대표라 할 수 있는 보리누룩, 밀누룩, 쌀누룩을 문헌의 내용을 토대로 복원해 보았다. 서유구 선생은 〈옹치잡지(饔饎雜志)〉를 빌려 "좋은 술을 빚으려면 국얼(麴蘖)이 있어야 한다."고 하였는데 여기서 국얼이 누룩과 엿기름이다. 좋은 술이란 잘 디뎌진 누룩을 빼고 말할 수 없으며 나아가 좋은 물과 좋은 재료, 술을 빚는 도구와 발효 숙성실의 청결함은 물론이요 술 빚는 이의 마음가짐이 잘 깃들어야 최적의 술이 나온다.

《동의보감(東醫寶鑑)》에서 술은 '오곡의 진액'으로 언급되는데 술이야 말로 과거뿐만 아니라 현대에도 제대로 해석이 되어야 한다. 술을 빚는 과정도 중요하지만 음미하는 자세도 중요하다. 절에서 술을 일러 '곡차'라 하는데 우리 또한 술을 차 마시듯 예법에 맞게 즐길 수 있기를 기대해본다.

술의 기원

주례총서 ❶

세상 사람들이 술의 기원에 대해서 말하는 설에는 다섯 가지가 있다.

世言酒之所自者有五.

이 다섯 가지는 모두 근거가 충분하지 않다.

是五者, 皆不足以考據也.

술은 언제부터 어떻게 만들어져서 마시기 시작하였을까?

사실, 맥주의 기원이나 와인의 기원에 대해서는 알고 있었지만 우리 전통주의 기원에 대해서는 그냥 할머니의 할머니의 손에서 손으로 전해져 전통주를 만들어 왔다고 생각했다. 가장 오래된 할머니는 우연히 익힌 곡물이 방치되어 공기 중의 곰팡이가 결합하면서 사람을 기분 좋게 해주는 신기한 물로 변했다는 것을 알게 되었다. 긴긴 세월 동안 여러 할머니들의 지혜가 축적되어 곰팡이의 서식처로 누룩이 개발되었고 본격적으로 향미와 도수를 갖춘 술이 탄생하게 되었다.

〈정조지〉에서는 술의 기원에 대한 다섯 가지 설에 대해서 이야기한다. 물론, 서유구 선생이 이 다섯 가지 기원설에 동의하는 것은 아니다. 선생은 선인들이 앞서 말한 술의 기원이 틀렸음을 조목조목 반박한다. 선생의 반박 의도는 모든 음식이 그렇듯 술의 기원이 특정시대의 특정인에 의해서 시작되지 않았음을 강조하는 것 같다.

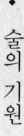

하나 : '의적(儀狄 처음으로 술을 만들었다고 전해지는 하(夏)나라 사람)이 처음으로 술을 만들었다.'고 하니 우(禹)임금과 동시대의 일이다.

一曰 : '儀狄始作酒', 與禹同時.

의적이라는 이름은 경에서는 보이지 않고 《세본(世本)》에서만 나온다. 그러나 《세본》은 믿을 만한 책이 아니다.

儀狄之名, 不見於經, 而獨出於《世本》. 《世本》, 非信書也.

한대(漢代)에 재정리된 자료를 기본으로 제자백가의 사상을 알 수 있는데, 대표적인 책이 바로 《예문지(藝文志)》이다. 《한서예문지(漢書藝文志)》에 실린 《세본》은 후세 사람들이 제자백가의 입을 빌려 자신의 주장을 펼쳤으며 제자백가의 사상과 관련이 없는 글이 끼어 있다. 《세본》은 위서도 많으므로 완전히 신뢰할 수 있는 책은 아니다.

하(夏)나라는 중국 최초의 왕조로 우(禹)가 세운 왕조다. 《사기(史記)》 〈하본기(夏本紀)〉에 의하면, 하왕조의 시조 우왕은 기원전 2070년 왕조를 개국하여 황하의 홍수를 다스리는 데 헌신적인 노력을 한 공으로 천자였던 순(舜)에게 천자의 자리를 물려받았다. 천 잔의 술을 마셨다는 요(堯)임금이 우왕보다 앞선 인물이니 우왕은 술의 기원이 아니다.

하나 : '요(堯)임금은 천 잔의 술을 마셨다.'고 하니 술은 요임금 때 만들어졌다.

一曰 : '堯酒千鍾', 則酒作於堯.

'요임금은 천 잔의 술을 마셨다'.고 하는 말은 본래 《공총자(孔叢子)》에서 나왔는데 대개 항간에 떠도는 말이다.

堯酒千鍾, 其言本出《孔叢子》, 蓋委巷之說也.

중국 전한(前漢) 때에 공자(孔子)의 9대손인 공부(孔鮒)가 편찬한 《공총자(孔叢子)》에 나오는 이야기다. 《공총자》는 후세에 저자에 대한 논란이 일어났다. 송(宋)나라 주희(朱熹)는 그 문체의 연약함이 서한(西漢)의 문자답지 않다고 하였고, 홍매(洪邁)는 제(齊)와 양(梁) 이래의 호사가(好事家)의 작(作)이라 하였으며 명(明)의 송렴(宋濂)과 청(淸)의 요제항(姚際恒)은 송(宋)나라 송함(宋咸)의 작(作)이라 했다. 명의 호응린(胡應麟)은 공자의 20대손 공계언(孔季彦)과 그 후손들이 집성한 것이라고 하였다. 요임금이 천 잔의 술을 마셨다는 이야기는 저자도 정확하지 않은 바로 이 《공총자》에 나오는 이야기다

요임금과 순임금이 이상적인 정치를 베풀었던 시대가 바로 요순시대이다. 선정을 베풀었던 요임

금이 천 잔의 술을 마셨다는 이야기는 술은 이미 요임금 이전에 만들어졌고 요임금 때에는 술을 즐기는 시대가 아니었을까 생각된다.

하나:《신농본초(神農本草)》에서는 술의 성질과 맛을 드러냈고 《황제내경(黃帝內經)》에서도 술이 병을 만든다고 말했으니 술은 의적에게서 시작된 것이 아니다.

一曰:《神農本草》著酒之性味,《黃帝內經》亦言酒之致病, 則非始於儀狄矣.

《신농본초》가 비록 신농[炎帝] 때부터 전해졌다고 하지만 가까운 시대의 것들도 붙어 있는 것으로 보아 모두가 신농 때의 책이라고만 할 수는 없다. 《황제내경》이 비록 삼분(三墳 전설 속 중국 최고의 서적으로 복희, 신농, 황제의 책)의 책이라고 하지만 그 문장을 살펴보면 이 책이 최종적으로 완성된 것은 '전국시대에서 진나라와 한나라 사이'[六國秦漢之際]임을 알 수 있다.

《本草》雖傳自炎帝, 亦有近世之物附見者, 未必皆炎帝之書也.《內經》雖三墳之書, 然考其文章, 知卒成是書者, 六國秦漢之際也.

* 《신농본초》의 신농은 신화시대의 황제로 사람의 몸에 소의 머리를 가진 전설적인 황제다. 신농 황제가 사람들을 보내 약초를 구해서 자신이 직접 임상 실험을 한 결과물을 정리하여 《신농본초》를 지었는데 현재는 전해 내려오지 않고 있다.

* 《황제내경》은 기원전 2세기 이전 중국 전통의학의 이론과 실제를 요약한 최초이면서 최고의 명작의학서로 '내경'이라고도 한다. 인간의 정신과 환경이 조화를 이루고 적절한 영양이 건강을 유지하는 원칙임을 말하였다.

《황제내경 소문(黃帝內經素問)》 제1편 〈상고천진론(上古天眞論)〉 편을 보면, 황제가 천사(天師)에게 다음과 같이 물었다. "내가 듣기에 상고시대 사람들은 춘추가 모두 백 살이 넘었어도 동작이 노쇠하지 않았다 들었소. 그러나 지금 사람들은 오십만 되어도 죄다 동작이 노쇠한데 지금 세상은 무엇이 달라 그런 것이오?" (黃帝問於天師曰: 余聞上古之人, 春秋皆度百歲而動作不衰, 今時之人, 年半百而動作皆衰者, 時世異耶?)

이같은 황제의 질문에 기백(岐伯)은 다음과 같이 술이 병을 만드는 원인이라고 답하였다. "지금의 사람들은 그렇지 못하여 술을 물처럼 마시면서 망동한 삶이 일상이 되었고, 술에 취해 성교하며 욕정으로 정기를 고갈시킴으로써 진기를 소모하여 흩어버리고 정기를 채워 유지할 줄 모르며, 때에 맞게 마음을 다스리지 못하고, 쾌락을 좇는 일에 마음을 쏟으니 생의 즐거움을 거스르게 되며, 기거함에 절도가 없게 되었습니다. 그런 까닭에 오십만 되어도 노쇠하게 된 것입니다." (今時之人不然也, 以酒爲漿, 以妄爲常, 醉以入房, 以欲竭其精, 以耗散其眞, 不知持滿, 不時御神, 務快其心, 逆於生樂, 起居無節, 故半百而衰也.)

히나 : 하늘에 주성(酒星)이 있으니 술이 만들어진 것은 천지(天地)와 함께 한다.

一曰 : 天有酒星, 酒之作, 與天地竝.

별 이름 중에서 환자(宦者)·분묘(墳墓)·호시(弧矢)·하고(河鼓) 같은 경우는 모두 태고에는 없던 것들이지만 이 별은 먼저 있었으니 주성도 미루어 생각해볼 수 있다.

星名, 如宦者、墳墓、弧矢、河鼓, 皆太古所無, 而先有是星, 則酒星亦可類推矣.

하늘에 술을 상징하는 별이 있으니 술은 천지가 만들어질 때 같이 만들어졌다고 한다.

선생은 환자·호시·분묘·하고와 같은 별 이름이 태고에는 없던 별이지만 주성은 있었으니 술은 천지가 만들어질 때 같이 만들어졌다고 술의 5가지 기원설 중 가장 무게를 둔다. 호시는 궁수자리, 환자는 내시이므로 사냥을 하는 모습의 오리온자리, 하고는 은하수, 분묘는 묘지를 뜻하므로 둥근 모양의 별자리이지 않을까 추측해 본다. 주성은 주(酒)자가 술이 병에 갇힌 모습에서 만들어진 글자이므로 물병자리가 아닐까 조심스럽게 생각해본다.

하나 : '두강(杜康)이 술을 만들었다.'

一曰 : '杜康作酒'.

두강에 대해서는 위무제[曹操]가 지은 악부(樂府)에 나오지만 두씨(杜氏)는 본래 류씨(劉氏)에서 나와 누대에 걸쳐서 상(商)에 살다가 시위씨(豕韋氏)가 되었다. 주나라 무왕(武王)이 두(杜)나라에 분봉하여 두백(杜伯)에게 나라를 전했는데 선왕(宣王)에게 죽임을 당하였다. 자손들이 진(晉)나라로 도망하여 마침내 두(杜)를 씨(氏)로 삼은 자가 있게 되었고 어떤 강(康)이라는 사람이 술을 잘 빚는 것으로 이름이 났다고 하여 술이 강에게서 비롯되었다고 하는 것은 잘못이다. 대개 지혜로운 자가 만들면 후세 사람들이 따라서 아무도 그만둘 수가 없으니 그것이 누구에게서 비롯되었는지 어떻게 알겠는가? 옛사람들은 먹고 마실 때 반드시 고수레를 했고 이때는 술을 앞세웠는데 누구를 위해서 고수레를 하는지는 말하지 않았으니 여기에서도 알 수 있다. 《두씨주보(竇氏酒譜)》

至於杜康, 見於魏武樂府, 而杜氏本出劉, 累在商, 爲豕韋氏. 武王封之於杜, 傳國至杜伯, 爲宣王所誅. 子孫奔晉, 遂有以杜爲氏者, 或者康, 以善釀名乎, 謂酒始於康, 則非也. 大抵智者作之, 後世循之而莫能廢, 亦安知其始於誰乎? 古者食飮必祭先酒, 亦未嘗言所祭者爲誰, 玆可見矣.《竇氏酒譜》

두강은 위무제가 지은 악부에 나오지만 두씨는 본래 류씨(劉氏)에서 나왔다. 주(周)의 무왕이 나라를 쪼개어 두백에게 주었는데 선왕에게 죽임을 당하자 자손들이 진(晉)나라로 도망하여 정착하였고 두씨(杜氏)로 뿌리를 내리게 되었다. 진나라는 사마염(司馬炎)이 만든 나라로 그 시작이 265년이다. 천 잔의 술을 마셨다는 요임금 때에도 술이 있었던 것으로 보아 시대가 한참 뒤진 진나라 사람인 두강이 술을 만들기 시작하였다는 술의 기원설은 이치에서 맞지 않는다. 아마도 두강은 술을 잘 빚었던 사람이었던 것 같다.

선생이 술의 기원에서 말하고자 하는 바는 "술과 인간이 역사를 같이 했다."는 점과 "신이 천지를 창조하고 만물을 만들 때 인간과 희로애락(喜怒哀樂)을 같이할 수 있는 술도 같이 만들었다."는 사실이다.

쌀과 누룩으로 술을 빚다

주례총서 ❷

《춘추운두추(春秋運斗樞)》: '술[酒]이라는 말은 젖[乳]이다. 몸을 부드럽게 하고 늙은이를 부축하는 것이다.' 허신 《설문해자》: '술은 이루는[就] 것이다. 인성의 선악을 이루는 것이다. 혹은 술은 만드는[造] 것이다. 길흉이 이로 인해서 만들어지는 것이다.' 《석명》: '술[酒]은 유(酉)이다. 쌀과 누룩으로 빚으면 잘 익은 술이 되니 그 맛이 좋다. 또 말하기를 삼가는 것이다. 술을 잘하고 못하고 간에 모두 서로 조심하려고 애쓴다.' 《두씨주보》

酒醴總敍 ❷

《春秋運斗樞》 曰: '酒之言乳也. 所以柔身扶老也.' 許愼 《說文》 云: '酒,就也. 所以就人性之善惡也. 一曰: 造也. 吉凶所造起.' 《釋名》 曰: '酒, 酉也. 釀之米麴, 酉繹而成, 其味美也. 亦言踧踖也. 能否皆强相踧持也.' 《竇氏酒譜》

《춘추운두추(春秋運斗樞)》에서는 술은 젖[乳]이라고 하였고 노약자의 기력을 보강하여 힘이 나게 해준다고 하였다.
술을 만들어 거르다 보면 우유를 짜는 듯한 착각에 빠지곤 한다. 술과 우유는 빛깔만 닮은 것이 아니라 우리 몸에 생기와 활력을 불어넣는다는 점에서도 같다.
'몸을 부드럽게 하고 몸을 부축하는 것이다.'라고 하였다.
"막걸리가 있었으니까 힘든 농사를 지었지요. 농사일을 하다가 죽을 만큼 힘들다가도 막걸리 한 잔 쭈욱~ 들이키면 배고픔도 없어지고 힘이 나서 또 일을 할 수 있었지요." 갓난아이가 엄마의 젖을 먹고 자라나 어른이 되면 쌀과 누룩으로 빚은 술을 먹고 힘을 되찾아 농사를 지어 가족을 먹여 살린다. 엄마 젖을 먹을 수 없을 때 인간은 술로 위안과 활력을 찾기도 하여 술은 어머니의 젖과 같다.
허신(許愼)의 《설문해자》에서는 술은 이루는[就] 것이다. 인성의 선악을 이루는 것이다. 술은 만드는[造] 것이다. 인생의 길흉이 이로 인해서 만들어지는 것이다.
〈정조지〉에는 술에 대해서 다음과 같이 말한다.
"술은 적게 마시면 피를 화하게 하고 기가 잘 돌게 하며 정신을 식식하게 하고 추위를 막으며 시름을 잊게 하고 흥을 돋운다. 많이 마시면 정신이 상하고 피를 소모하며 위를 손상하게 하고, 정기를 없애며 담을 생기게 하고 화를 동하게 한다. 만약 술에 빠져 무도하게 되면 늘 취해 있는 사람은 가볍게는 병에 걸리고 행실이 엉망이 되며 심하면 나라를 잃고 집안이 망하게 되고 자기의 수명도 단축시킨다. 《식물본초(食物本草)》"고 하였다. 그리고 더하여 "술을 마신 후에 술을 마시면 신장이 상하고 다리가 무거워 쳐지며 방광에 냉통을 가져온다. 담음, 수종, 소갈, 연통과 같은 질병도 합병증으로 온다. 일체의 독양 중에 술을 통해서 얻은 것은 다스리기가 어렵다. 《식물본초》"고 하였다.
이렇듯 〈정조지〉에는 술을 빚기 전 술의 성질과 금기 사항 등을 자세히 일러두고 있다. 술은 〈정조지〉의 기술처럼 어떻게 마시느냐에 따라 독이 될 수도 있고 약이 될 수도 있다. 술에 대해서 제대로 알고 바른 생각을 가지고 마셔야 술 본래의 이점을 제대로 취할 수 있는데 대부분의 사람은 그렇지 못하다. 술이 주는 호기로움에 기댄 나머지 술을 넘기는 것에 의미를 두어 우리나라 사람들은 숙취해소음료를 마셔야 할 정도로 술을 급하게 많이 마신다.
급하게 많이 마신 술이 인생에 화를 만들기도 하고 적절하게 마신 술은 인생을 길하게 만들어 주므로 술은 마시는 사람에 의해서 다시 한번 만들어진다고 할 수 있다.

《석명(釋名)》에서는 술은 "유(酉)"라고 하였다.
술은 주(酒)라고 알고 있지만 자형을 보면 술을 나타내는 글자는 유(酉)였다. 유(酉)는 술을 담은 그릇을 뜻한다. 술병에 술을 담은 뒤 알코올 성분이 날아갈까 봐 뚜껑을 꼭 닫은 모습을 형상화한 것으로 술과 술을 담은 그릇인 유(酉)에서 비롯되었다. 유(酉)가 십이지의 하나인 닭 유(酉)자로 사용되자 술이 액체라는 것에 착안하여 닭 유의 좌변에 물 수(氵)를 더해서 지금 우리가 아는 주(酒)가 되었다.
또, 술은 "쌀과 누룩으로 빚으면 잘 익은 술이 되니 그 맛이 좋다."라고 하였다. 쌀과 누룩, 물만으로 빚은 술은 발효가 되면서 향기로운 꽃과 달콤한 과일 향을 물씬 풍긴다. 누군가 몰래 술항아리에 수밀도나 매화꽃, 치자꽃을 넣은 것 같다. 누룩과 쌀이 꽃 향을 낼 때의 감동은 술을 빚어보지 못한 사람은 상상조차 할 수 없는 기쁨이다. 이 꽃 향이 술을 다시 만들게 하는 동력이 되곤 한다.
그리고 "삼간다"고 한다. 술을 잘하고 못하고 간에 서로 조심하려고 애쓴다.
술을 마시면 입이 무거운 사람도 말이 늘어난다. 말이 늘다 보면 실수를 하게 된다. 평소에 가슴에 담아 두었던 섭섭한 마음도 표현하게 된다. 술을 마시면 말로 사람에게 상처를 주거나 무례를 저지르지 않도록 통제를 해야 한다. 술은 사람 사이를 친밀하게 해주거나 끊어 놓게도 한다. 술을 마시면 항상 입을 조심해야 할 일이다. 술을 마시는 사람은 열이면 열 모두 조심해야 한다.
술은 마시는 사람의 오장육부에 스며 마음을 주관하므로 술을 만드는 사람의 마음가짐도 마시는 사람 못지 않게 중요하다.
술을 빚으며 경험하는 일인데 뒤숭숭하고 편치 않은 마음으로 술을 빚으면 술에서 쓴맛이 돈는 것이 불편한 마음이 술에 그대로 담겨 있다. 반면 좋은 벗들과 나누어 마실 날을 기다리며 행복한 마음으로 빚은 술에서는 향기로움이 그득하다. 내가 만든 술이 다른 사람의 기분과 행복도 주관하므로 술을 빚을 때는 옳은 마음으로 만들어야 한다.

오제와 삼주, 술의 다양한 모습

주례총서 ❸

《주례(周禮)·주관(周官)》의 주인(酒人)은 술의 정령을 관장하고 오제(五齊)와 삼주(三酒)의 이름을 분변한다. 하나: 범제(泛齊), 둘: 예제(醴齊), 셋: 앙제(盎齊), 넷: 제제(醍齊), 다섯: 침제(沈齊). 하나: 사주(事酒), 둘: 석주(昔酒), 셋: 청주(淸酒). 이것은 대개 당시의 후하고 박한 차이이지만 경문(經文)에서는 그에 대한 설명이 없고 전주(傳注)에서는 모두 헤아려서 풀었지만 반드시 참이라고 할 수는 없다. 《두씨주보》

酒醴總敍 ❸

《周官》 酒人, 掌酒之政令, 辨五齊三酒之名. 一曰: 泛齊, 二曰: 醴齊, 三曰: 盎齊, 四曰: 醍齊, 五曰: 沈齊. 一曰: 事酒, 二曰: 昔酒, 三曰: 淸酒. 此蓋當時厚薄之差, 而經無其說, 傳注悉度而解之, 未必得其眞也. 《竇氏酒譜》

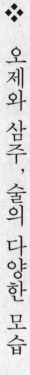

술은 제례에서 필수적이다. 제례에서 조상에게 좋은 술을 올린다는 것은 자손으로 최고의 예를 갖추는 일이다. 술이 제사에서 중요도가 높은 만큼 제사에 올리는 술과 제사가 끝난 후 마시는 술이 엄격하게 구분되어 있었다.

주례(周醴)에서는 종묘와 사직에 제사를 지낼 때 쓰는 제주(祭酒)를 탁도와 빛깔, 발효기간에 따라서 다섯 가지로 분류하여 오제(五齊)라고 하였다. 오제는 범제(泛齊)·예제(醴齊)·앙제(盎齊)·제제(醍齊)·침제(沈齊)이다.

범제는 '술이 이루어지자 찌꺼기가 뜨는 모양'이라 하여 발효를 마쳐 껍질만 남기고 가벼워진 쌀이 동동 떠오른 형태의 탁한 술로 지금의 동동주의 형태라 할 수 있다. 예제는 '술이 이루어지면 즙과 찌꺼기가 모두 가라앉은 상태'로 술이 익은 후에 거르거나 거르지 않고 마실 수 있는 식혜 형태의 술이나 막걸리라고 할 수 있다. 앙제는 술이 고이기 시작할 때는 비췻빛이 살짝 감도는데 이때 용수를 박아 얻은 맑은 술, 즉 청주를 뜻한다. 제제는 술이 익어가며 붉은빛이 도는 술로 지금의 하주와 비슷하다. 하주는 익은 다음에 별도로 술을 떠내지 않고 전체를 짜낸 다음 그 액을 다시 한 번 발효시킨 것으로 앙제와 같은 맑은 술이다.

침제는 찌꺼기가 완전히 가라앉은 맑은 술을 뜻한다. 술은 숙성기간이 길어지면 바닥의 흰 술 덧부분과 위의 맑은 술로 뚜렷이 구분되는데 위의 맑은 술만을 취한 것이 침제다. 제제가 덧술

을 하지 않고 두 번 발효한 술이라면 침제는 단양주를 오랜 기간 숙성시킨 술이다.

삼주(三酒)는 왕실의 제례가 끝난 다음에는 참여자들의 신분에 따라 사주(事酒)·석주(昔酒)·청주(淸酒)로 구분하여 마시게 한 뒤풀이 술이다.

사주는 제례에서 술을 올리는 일을 돕는 신분이 미천한 사람이 마시는 술로 탁하고 맛이 별로 없다. 석주는 겨울에 빚어 봄에 먹는 오랜 숙성기간을 거친 술로 사주에 비해서 맑지만 투명할 정도는 아니다. 주로 술 올리는 일을 하지 않는 참여자들이 마셨다. 청주는 겨울에 빚어 여름에 먹는 맑은 고급술로 제사에서 가장 으뜸으로 쳤다. 《문헌통고(文獻通考)》에서는 "오제와 삼주는 모두 벼와 누룩을 사용하는데 삼주는 맛이 진하므로 사람이 마시고 오제는 독하지 않으므로 제사에 사용한다."고 하여 오제와 삼주를 구분하였다.

오제는 제사에 올리는 술, 즉 죽은 조상에 올리는 술이고 삼주는 자손과 제사 참여자들이 마시는 산자를 위한 술이다. 우리가 생각 없이 마시고 권하는 술에 엄격한 기준을 두었던 우리 선조들의 술을 대하는 조심스러운 마음과 태도를 오제와 삼주를 통해서 배운다. 제사를 모시는 가정에서는 오제와 삼주를 행하여 보는 것도 우리의 문화를 체험해 보는 일이라 생각된다.

맑고 탁하고 후하고 박하고 더해서 빚고

주례총서 ❹

술이 맑은 것을 양(釀)【안. 양(釀)은 이(酏)의 잘못으로 의심된다. 《옥편》: 이(酏)는 청주이다】이라 하고, 탁한 것을 앙(醠)【안. 앙(醠)은 어떤 곳에서는 앙(醠)이라고 쓴다. 우안 《자서(字書)》: 술이 탁한 것을 료(醪), 로(醪)라고 하며, 탁하면서 약간 맑은 것을 잔(醆)이라고 한다】이라 하며, 후한 것을 순(醇)【안. 《설문해자》: 유(醹)와 농(醲)은 모두 후한 술의 이름이다.】이라 하고, 박한 것을 리(醨)라 하며, 거듭 빚은 것을 주(酎)라 하고【안. 《자서》: 거듭 빚은 것을 이(酳)라 하고, 다시 빚은 것을 두(酘)라 하며, 세 번 거듭한 진한 술을 주(酎)라 한다.】《음선표제》

酒醴總敍 ❹

酒之清者曰釀,【案. 釀,疑酏之誤.《玉篇》: 酏,清酒也.】濁者曰醠,【案. , 一作醠. [又案]《字書》: 酒之濁者, 曰醪曰醪, 濁而微清曰醆.】厚曰醇,【案.《說文》: 醹醲, 皆厚酒之名.】薄曰醨, 重釀曰酎,【案.《字書》: 重釀曰酳, 又云: 再釀曰酘, 又云: 三重醇酒曰酎.】《飲饍標題》

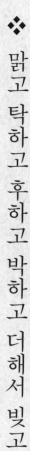

선생은 술의 탁도와 농축 정도, 덧술을 더하여 발효시키는 횟수에 따라 술을 구분하였다. 일반적으로 탁주와 청주, 소주로 구분하는 우리에게는 술이 어렵고 무겁게 느껴질 수도 있다.

맑은 청주는 양(醸)이라고 하였지만 이(酏)가 아닌가 생각되는데 이(酏)는 청주다.

탁주를 앙(醠), 어떤 곳에서는 앙(醠)이라 쓴다. 자서(字書)를 보면 료(醪), 로(醪)라고 한다. 또 탁주와 청주의 중간 형태를 잔(醆)이라고 한다.

도수가 높은 술을 순(醇)과 유(醹), 농(醲)이라고 구분하였고 맛이 산뜻하고 가벼운 술을 리(醨)라고 한다. 한 번 덧술한 술을 이(酳)라고 하였고 두 번 덧술한 이양주를 두(酘)라고 하였으며 세 번 거듭 빚어 맛이 진하고 도수가 높은 술을 주(酎)라고 하는데 삼양주를 말한다.

막걸리, 소주, 청주로 조금 더 분류하여 이화주, 소곡주, 한산주, 송순주, 연엽주라고 구분하였는데 두루뭉술하게 부르는 우리의 술을 좀 더 자세하고 세심하게 불러 주는 일도 우리의 술을 발전시키는 첫걸음이 아닐까 생각해본다.

하룻밤 묵은 것, 엿기름과 단술

주례총서 ❺

하룻밤 묵은 것을 예(醴)라 하며【안. 예(醴)는 단술이다. 옛사람들은 술을 빚을 때는 누룩으로 빚고 예를 빚을 때는 엿기름으로 빚었는데, 만드는 방법이 달라지고 나니 맛도 같지 않았다. 《주례》의 오제와 삼주가 나뉜 것을 보면 알 수 있다. 《설문해자》: 예는 술이 하룻밤을 묵히면 익는 것이다. 대개 예라고 하는 것은 하룻밤이면 익는다는 것일 뿐이지, 예를 하룻밤이면 익는 술의 이름으로 삼은 것은 아니다.】《음선표제》

酒醴總敍 ❺

一宿曰醴.【案. 醴, 甘酒也. 古人釀酒以麴, 釀醴以糵, 釀法旣異, 味亦不同. 觀《周禮》五齊三酒之分, 可知矣.《說文》云: 醴, 酒一宿熟者. 蓋謂醴, 可一宿而熟耳, 非以醴爲一宿酒之名也.】《飮饍標題》

선생은 사람들이 '감주(甘酒)'라고도 하는 식혜를 넓은 범위로 술의 범주에 넣는 것에 대해서도 명확하게 답을 준다.

감주의 '주'는 술 주(酒)이다. 감주라는 명칭과 맥주가 보리의 싹인 엿기름(맥아)으로 만든다는 생각에 식혜와 술과의 상관관계에 대해서 한 번쯤은 생각해보게 된다.

선생은 하룻밤 묵은 것을 예(醴)라고 하는데 예는 하룻밤을 발효시키는 식혜 즉, 감주를 말한다. 술과 식혜의 공통점은 곰팡이와 전분이 만나 당화 과정을 거쳐 발효를 한다는 점이다. 물이 들어가면 누룩의 효모가 추출되어 쌀의 전분과 만나 당화를 하면서 쌀이 삭게 된다.

술은 누룩의 곰팡이균을 사용하고 발효 시간이 길지만 엿기름의 당화 효소인 아밀라아제를 사용하여 밥을 삭히는 식혜는 발효 시간이 짧아 하룻밤이면 만들어진다. 술은 온도에 따라 발효 기간이 결정되지만 식혜는 발효 온도가 낮으면 밥이 시어버리고 온도가 높으면 발효가 정지된다.

지금은 일정한 온도를 유지시켜 주는 보온밥솥이 있어 식혜를 쉽게 만들 수 있지만 아랫목에 이불을 덮어 두거나 아궁이에 불을 때서 은은한 열기를 유지시켜 식혜를 만들던 시절에는 제대로 된 식혜 만들기가 쉽지 않았다.

〈정조지〉에서는 엿기름을 사용하는 식혜가 누룩을 사용하는 술과는 결정적으로 달라 하룻밤을 묵어 밥이 삭았다고 하여도 술은 아니라고 하였다. 결국, 식혜는 감주라고는 하지만 술이 아니라고 명쾌하게 정의하였다. 서유구 선생이 식혜를 '온배지류' 편에서 다룬 이유는 당시 식혜가 술이라는 인식이 있었던 것 같다.

* 중국 주(周)나라 때 《예기(禮記)》에는 상류층이 마시는 청량음료 중의 하나가 감주이며, 감주의 윗물이 예(醴)라고 나와 있다.

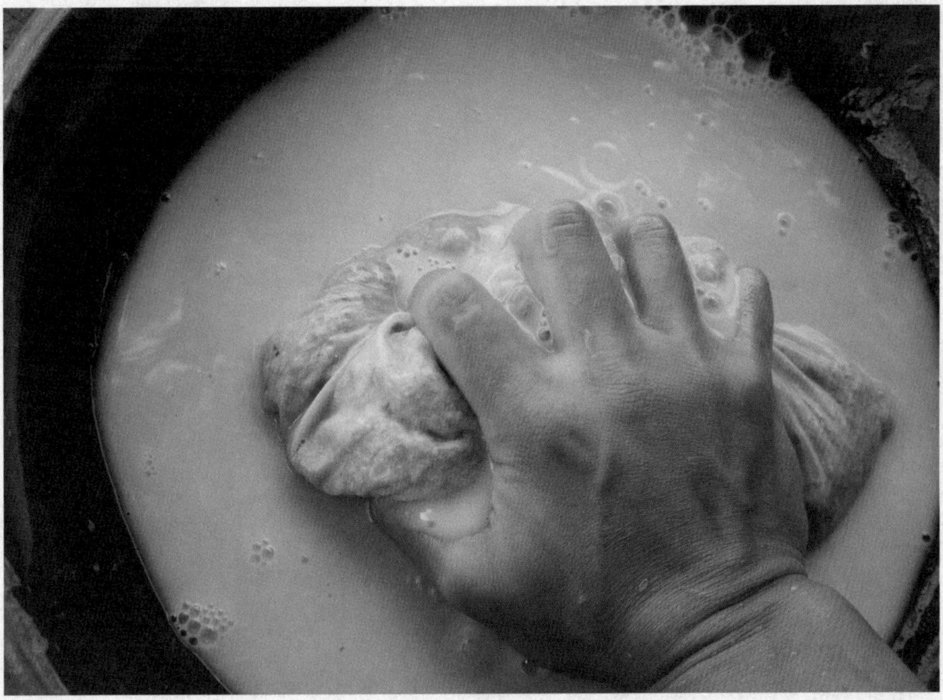

서, 배, 제, 령, 차

주례총서 ❻

맛이 좋은 것을 서(醑)라 하고, 거르지 않은 것을 배(醅)라 하며, 붉은 것을 제(醍)라 하고, 초록빛이 나는 것을 령(醽)이라 하며, 흰 것을 차(醝)라고 한다.《음선표제》

酒醴總敍 ❻

美曰醑, 未榨曰醅, 紅曰醍, 綠曰醽, 白曰醝.《飮饍標題》

'서(醑)'는 맛이 좋고 빛깔이 고운 술을, '배(醅)'는 거르지 않은 술을, '제(醍)'는 붉은빛이 나는 맑은 술을, '령(醽)'은 푸른빛이 도는 맑은 술을, '차(醝)'는 흰 술을 뜻한다.
앞에서 제례에서 사용되는 술을 오제(五齊)와 삼주(三酒)로 분류하였고 양(釀), 앙(醠), 순(醇), 리(醨), 주(酎) 등 술의 탁도와 숙성 기간, 농축 정도에 따라 술을 분류해 보기도 하였다. 서, 배, 제, 령, 차는 감각적인 분류법이라고 볼 수 있다. 술맛은 좋은 술이 갖추어야 할 본질적인 조건이며 여기에 맑은 투명도와 고운 색을 갖추었다면 천하의 명주라고 할 수 있다.

술이 다양한 고운 빛을 띄는 것에는 몇 가지 이유가 있다. 주재료인 쌀 자체만 해도 도정의 정도에 따라 흑미, 홍미, 녹미, 갈색미 등 쌀의 색상, 누룩에 사용된 곡류에 따라 술의 색깔이 달라진다. 황국균, 흑국균, 홍국균 등 누룩곰팡이도 술의 빛깔을 다르게 하는데 우리 술에는 주로 황국균이 많이 쓰인다.
흰 멥쌀, 찹쌀에 통밀을 거칠게 빻아 누룩으로 술을 빚으면 연한 황금빛이 도는 술이 나오는데 우리 술의 가장 대표적인 색이다. 홍국균이 콜레스테롤을 감소시키는 뛰어난 효과가 있다는 것이 입증되면서 연 다홍빛을 내는 홍국균으로 만든 술이 인기가 있다.

술의 고운 빛은 부재료를 더해 내기도 하는데 지초, 잇꽃, 원추리꽃, 엉겅퀴, 솔잎, 연잎 등이 많이 사용된다. 술의 고운 빛은 시각적인 만족도뿐 아니라 뛰어난 약리작용으로 건강주로 주목받고 있어 다양한 빛깔의 술에 대한 수요는 계속 늘어날 것으로 생각된다.

〈정조지〉에 소개된
술 빚기에 사용되는 주재료에 대한 해석

술 빚기에는 단연 쌀이 많이 사용된다. 우리나라는 양조용 쌀을 따로 개량하여 재배하는 경우가 드물며 일반적으로 쌀의 전분질이 술 발효의 주된 역할을 하므로 쌀의 도정에 신경 써 술 빚기에 필요한 쌀을 가려낼 수 있다. 멥쌀과 찹쌀을 주로 사용하는데 멥쌀이 찹쌀에 비해 조금 더 드라이한 술을 내는 특징을 가진다. 또한 차조, 차기장, 수수 등으로도 술을 빚으며 술 발효에 쓰이는 누룩은 주로 밀과 보리, 녹두 등을 이용해 만든다.

메벼

맛은 달면서도 쓰고 성질은 평하고 독은 없다. 기운을 북돋우고, 근육과 뼈를 튼튼하게 하며, 혈맥을 통하게 하고, 오장을 조화롭게 하며, 위장에 기운을 보하여 북돋우니 그 효능이 막대하다. 햅쌀을 바로 먹으면 아무래도 풍기를 약간 동하게 하는데 묵은쌀을 먹으면 기를 한층 내린다. 조생종·중생종·만생종의 세 가지 종류가 있는데 흰 만생종을 제일로 친다. 하늘이 오곡을 낸 까닭은 사람을 기르기 위해서 이니 그것을 얻으면 살고 못 얻으면 죽는다. 멥쌀은 천지중화의 기운을 얻고 조화생육의 효능을 함께 함으로 다른 곡식들과 나란히 이름 지을 수 없다.《식물본초》

찰벼

찰벼는 성질이 따뜻해서 술을 빚으면 술의 성질이 뜨겁고 엿을 고면 더욱 심해진다. 비장과 폐의 기운이 허하고 찬 사람에게 알맞다. 만약 평소에 담열이나 풍병, 비병으로 순환이 잘되지 않는 사람이 찹쌀을 먹으면 흔히 병에 걸리거나 적취가 생기기 매우 쉽다. 찰벼는 성질이 끈적이고 소화하기가 어려워 어린아이나 병자는 가장 조심해야 한다.《본초강목》

밀

밀은 가을에 파종하여 여름에 익음으로 사계절의 기운을 충분히 받아 차고 뜨겁고, 따뜻하고 서늘함을 모두 갖고 있다. 그러므로 밀의 성질은 서늘하고 누룩의 성질은 따뜻하며 밀기울의 성질은 차고 밀가루의 성질은 뜨겁다.《본초습유》

보리

허약함을 보하고 혈맥을 튼튼하게 하며 안색을 좋게 하고 오장을 실하게 하며 곡식을 소화시키고 설사를 멎게 하며 풍기를 동하지 않게 한다. 오래 먹으면 살이 찌고 피부색이 밝아지며 피부를 윤기 나게 한다. 가루로 만들면 밀보다 나으니 먹어도 조열(躁熱)이 나지 않는다.《식성본초》

《도경본초》에 이르기를 "보리와 밀을 봄에 파종하면 사계절의 기운이 부족하므로 독이 있다."라 했다. 우리나라에서 봄에 파종할 수 있는 밀은 오직 막지맥 한 종류뿐이고 그나마 황해도 몇 개군 외에는 이를 심는 이가 드물다. 봄이 되면 거의 전국에서 보리를 심지만 맛이 껄끄럽고 설사하기 쉽다. 소송이 이른바 독이 있다고 말한 것은 믿을 만하니 섭생가들은 마땅히 절제해서 먹어야 할 것이다.

차조

맛은 달고 성질은 약간 차다. 한열을 멈추게 하고 대장에 이롭다. 밥을 지으면 매우 찰지고 오직 술을 빚을 수 있지만 즙은 적다. 《식료본초》

차기장

밥을 지어먹으면 속을 편안하게 하고 위장에 이로우며 비장에 좋다. 《식의심경》

혈을 식혀 더위 먹은 증상을 치유한다. 《생생편》

녹두

원기를 보하고 북돋우며 오장을 조화롭게 하고 정신을 안정시키며 십이경맥을 돌게하고 부풍(浮風)을 제거하며 피부를 윤기 나게 하므로 늘 먹어야 한다. 《식료본초》

열을 식히고 독을 풀어준다. 약을 먹는 사람이 먹어서는 안 되는데 약효를 없애기 때문이다. 석성금 《식감본초》

메벼

밀

논국품
누룩의 품질을 논함

누룩의 품질을 논함

옛사람들은 오직 밀로 누룩을 만들어 기장술을 빚었는데 이미 맛이 맵고 성질이 뜨거우며 독이 있다고 여겼다. 그런데도 요즘 술을 빚는 사람들은 오두·파두·비상·생강·계피·석회·조회(竈灰) 같은 종류의 독이 강하고 매우 뜨거운 성질의 약재로 그 기운과 맛을 돋운다. 그러니 어찌 충화(沖和, 부드럽고 온화한 성정)를 상하고 정신을 축내며 영위(榮衛)를 말리고 천계(天癸, 남자의 정액과 여자의 월경)를 다하게 하여 사람의 수명을 줄이지 않겠는가?《탕액본초》

누룩에 파 및 붉은팥, 천오 같은 종류가 들어있는 것은 그것으로 빚은 술을 마시면 머리가 아프고 입이 마른다. 석회를 써서 빚은 술은 가래가 생긴다.【식물본초○안. 약재로 누룩을 만드는 것은 당(唐)나라 때부터 있어 왔다. 송나라 주굉(朱肱)의《북산주경(北山酒經)》에 실린 누룩 만드는 법에서는 대개 많은 경우 맵고 강하며 독이 있고 뜨거운 약재들을 빌려 그 기운과 맛을 돕는다. 왕호고의 이른바 '충화를 상하고 정신을 축낸다.'고 한 것은 지나친 말이 아니다. 지금은 모두 수록하지 않지만, 만약 그 빚는 법에 누룩 만드는 법을 아울러 제시하지 않을 수 없는 것은 각각 본래의 방법 안에서 보라.】

論麴品

古人惟以麥造麴釀黍, 已爲辛熱有毒.今之造者, 加以烏頭、巴豆、砒霜、薑、桂、石灰、竈灰之類, 大毒大熱之藥, 以增其氣味.豈不傷沖和, 損精神, 涸榮衛, 竭天癸, 而夭夫人壽耶?《湯液本草》

麴有葱及紅豆、川烏之類者, 飲之頭痛口渴.用灰者, 聚痰.【食物本草○案. 藥麴之成, 粤自唐. 宋朱肱《北山酒經》所載麴法, 大抵多假辛烈毒熱之物, 以助其氣味. 王海藏所謂, '傷沖和, 損精神', 非過語也. 今槩不收錄, 若其釀法之不得不竝擧麴法者, 各見本方之內.】

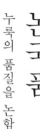

예로부터 누룩은 밀가루로 만들어 기장밥을 하여 술을 빚었다. 술은 원래 맛이 맵고 성질이 뜨거워 그 자체로도 독이 있는데 사람들은 맵고 뜨거운 독이 있는 오두, 파두, 생강, 비상, 계피, 석회 등의 약재를 넣고 술에 독과 매운 성질을 더한다. 특히, 오두를 가을에 채취한 것이 부자이므로 누룩에 오두를 넣는 것은 불에 기름을 부은 격이라고 할 수 있다. 지나치게 뜨거운 술은 사람의 온화한 성정을 잃어버리게 되고 몸의 균형이 깨져서 남자는 정기가 마르고 여자는 월경이 끊어지는 부작용이 발생한다. 결국, 기와 혈이 막히면서 제명에 못 죽게 된다.

> 누룩에 파나 붉은팥, 오두의 덩이뿌리인 천오를 넣어 술을 만들면 머리가 아프고 소갈증이 생기는데 이는 몸이 지나치게 열과 독을 품기 때문이다. 석회를 넣은 술을 먹으면 가래가 생긴다고 하였는데 누룩에 석회를 넣는 이유는 누룩이 단단하게 잘 고정되고 벌레가 생기는 것을 방지하기 위함이다.《식물본초》

약재를 넣어 누룩을 만드는 일은 당나라 때부터이다. 송대 의학에 조예가 깊었던 주굉이 술을 만드는 법에 대해 세 권으로 기술한 《북산주경(北山酒經)》에서도 맵고 강하고 뜨거운 약재의 기운을 빌어 술을 빚고 있다. 원나라 때 지어진 《탕액본초》의 저자 왕호고는 독한 약재를 집어넣은 누룩으로 술을 빚는 것은 몸의 정기를 뺏고 정신을 축내게 하는 일이라고 하였다.

선생은 밀누룩으로 빚은 술 자체만으로도 사람의 기를 돋우고 혈을 왕성하게 하므로 여기에 덧붙여 약재를 더하는 것은 독을 더할 뿐이니 가급적 곡물을 사용한 누룩으로만 술을 빚으라고 하였다.

현재 한 가지 곡물로만 만드는 누룩이 대세인 것을 보면 긴 누룩의 역사 속에서 약재를 더한 누룩이 순수한 누룩보다 맛과 향이 덜하고 부작용도 있었기 때문이라고 생각된다. 지나침이 부족함만 못하다는 지혜를 〈정조지〉의 누룩 만드는 법에서도 배우게 된다.

치국법

누룩 다스리는 법

누룩 다스리는 법

술을 빚는 사람은 먼저 누룩을 밤알 크기로 부수어 사흘 동안 낮에는 볕을 쬐고 밤에는 이슬을 맞혀 그 더러운 기운을 없앤다. 잘 익은 독을 사흘 동안 물에 담갔다가 깨끗이 씻어 볏짚연기를 쐬어 소독한 뒤 쓴다. 잡인, 임신부, 상중인 사람, 승려를 가장 조심한다. 《삼산방》

治麴法

造酒者, 先期碎麴如栗子大, 曝曬三日, 夜承露氣, 去其艾氣. 用熟甕, 浸水三日, 淨洗, 薰以藁烟, 用之. 最忌雜人、孕婦、孝子、僧髡.《三山方》

1

5

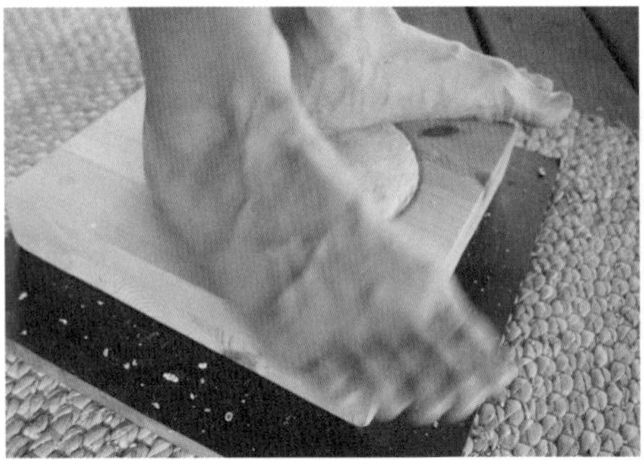

6

7

누룩 성형하는 법

1 누룩 빚기에 필요한 주재료를 선택하고 깨끗이 씻는다.
2 초재들도 준비하여 먼지가 없이 깨끗이 한다.
3 깨끗이 씻은 재료를 채에 널어 햇볕에 말린다.
4 충분히 건조한 재료를 알맞은 기구를 이용해 누룩 특성에 따라 파쇄한다.
5 분량의 물을 주어 반죽한 후 누룩틀을 이용해 모양을 잡는다.
이때 보자기에 초재를 먼저 두고 빻은 재료를 넣어 누룩을 감싸주게 한다.
6 발로 앞뒷면을 고루 밟아주며 성형하는데 단단히 밟아주어야 한다.
7 누룩을 널어 완성시키고 술을 빚기 전 작은 크기로 부수어 법제한 후 사용한다.

술을 빚기 전에 누룩을 밤알 크기로 부순 다음 사흘 밤낮을 밖에 두는데 밤에도 거두어 들이지 않는다. 누룩에 남아 있을지 모르는 잡내나 독성을 별과 밤바람에 날리기 위함이다. 밤이슬은 습기를 주고 낮에는 다시 말리기를 반복하면서 누룩은 술을 만들기 위한 힘을 기르게 된다. 잘 구워진 항아리를 사흘 동안 물에 담갔다가 깨끗이 씻은 다음 볏짚의 연기로 수분을 없앤 다음 사용한다. 부정을 탄 사람이나 임산부, 상중인 사람이 술을 빚는 데 관여하거나 구경하지 말라고 하였는데 과학적인 근거보다는 맑은 마음으로 술을 빚으라는 의미로 생각하면 되겠다. 상중인 사람은 슬픔에 잠겨 있어 술 빚는 사람과 같이하면 우울한 마음으로 술을 빚게 되어 좋은 술이 나오지 않는다. 승려는 금주가 원칙이기 때문인 것 같다.

연잎

치주재법
술의 재료를 다스리는 법

술의 재료를 다스리는 법

【안. 술의 재료는 바로 찹쌀 등의 술을 빚는 쌀이다.】일반적으로 술 빚는 쌀은 깨끗이 씻는 것이 중요하므로 옛날 방식에서는 모두 백번 씻는 것을 기준으로 했다. 만일 깨끗이 씻지 않으면 맛이 나쁘고 빛깔이 탁하다. 술밥을 지을 때는 물에 하룻밤을 담가야 잘 익는다. 또 내놓고 식혀서 독에 넣어야 시어지지 않는다. 그러므로 '백번 씻고, 하룻밤 물에 담그고, 내놓고 식힌다'는 여섯 글자(百洗浸宿放冷)가 술 빚는 비결이다. 《삼산방》

治酒材法

【案. 酒材, 卽秫稻等釀酒之米, 是也.】凡酒米, 淨洗爲貴, 故古方皆以百洗爲度. 苟不淨洗, 則味惡而色濁也. 造酒飯, 須水浸經宿, 然後易爛. 又須放冷入甕, 然後不酸. 故'百洗浸宿放冷'六字, 卽釀酒三昧也.《三山方》

술 빚는 가장 중요한 세 가지 비결을 말한다.
술의 가장 중요한 재료는 쌀이다. 이 쌀을 깨끗이 씻어 충분히 물에 불려서 찐 고두밥을 차갑게 식히는 것이 좋은 술을 만드는 비결이다.

첫째, 쌀을 백세하여 깨끗이 씻는다.
쌀을 백번 씻는 것 즉, 백세를 하라고 하였다. 깨끗이 씻지 않으면 술맛이 나쁘고 빛깔이 탁하다고 한다. 백세를 하는 요령은 쌀을 밥하듯 씻어 쌀뜨물을 두어 차례 버려준 후 쌀에 물을 받아 물을 흘려가며 중심을 잡고 손으로 회전하며 세차게 물길을 내어 쌀을 씻어 나간다. 이 때 쌀알이 물살에 실려 나가지 않도록 물의 흐름을 잘 내는 것이 요령이다.
옛날에는 쌀의 도정기술이 발달하지 않아서 쌀이 깨끗하지 않았다. 고급청주를 쌀의 속살로만 빚는 것을 생각하면 백세에 대한 의미가 쉽게 이해된다. 쌀을 씻는 과정에서 술맛을 탁하고 거칠게 하는 겉껍질이 제거되고 술은 더욱 부드럽게 된다.

둘째, 씻은 쌀은 물에 충분히 담가둔다.
쌀은 하룻밤을 물에 푹 담가서 충분히 불려야 속까지 잘 익은 고두밥이 완성된다. 좋은 술은 투명하게 잘 익은 고두밥에서 시작된다. 쌀이 충분히 불어서 고두밥이 잘 익어야 술의 당화가

잘 이루어지고 효모의 활동이 활발해져 좋은 술이 만들어진다. 쌀을 물에 담가 두면 쌀 속의 수용성 단백질과 지질은 용출되어 나오게 된다. 물을 넉넉히 머금은 쌀은 충분한 수분을 보유하기에 고두밥이 잘 쪄질 수 있게 도와주며 또한 술이 발효될 때 좋지 않은 영향을 끼치는 쌀 단백질과 지질을 적당히 내보내는 장점이 있다.

셋째, 고두밥을 내놓고 식혀준다.
첫째와 둘째의 과정을 거치면 고두밥을 찔 준비가 되었는데 하룻밤 물에 불려둔 쌀을 흐르는 물에 조심히 헹궈주고 시루와 같은 찜기에 올려 고두밥을 만든다. 다 된 고두밥을 갈대로 엮어 만든 삿자리에 넓게 펴서 식혀주는데 문헌에 특별한 요구가 없으면 가급적 차게 식히는 것이 방법이다. 그 이유는 다 식지 않은 고두밥이 누룩, 물과 함께 섞여져 항아리에 들어가면 잡균들이 번식하기에 유리한 상태가 되어 술이 잡균들에 의해 오염될 수 있기 때문이다. 날이 덥거나 온화한 계절에는 더 주의해야 하는데 집에서 반찬, 특히 열을 가해 만든 나물반찬을 밖에 두어 식힌 뒤에 냉장고에 보관하는 방식과 비교한다면 조금 이해하기 쉬울 듯하다.

위의 세 가지를 습관처럼 몸에 익혀 두면 술 잘 만드는 고수들 못지않게 고두밥을 만들고 술을 빚을 수 있을 것이다. 항상 기본보다 더 중요한 것은 없다.

택수법

물을 가리는 법

물을 가리는 법

일반적으로 술을 빚을 때는 단 샘물이어야 한다. 만약 물이 좋지 않으면 술도 맛이 좋지 않다.《증보산림경제》

청명과 곡우에 길은 물로 술을 빚으면 빛깔이 검붉고 맛이 독하여 오래도록 둘 수 있다. 또 청명과 곡우에 장강의 물을 길어다 술을 빚으면 빛깔이 검붉고 맛이 특별하다. 대개 절기의 기운을 얻은 것이다.《동의보감》

擇水法

凡造酒要甘泉水. 若水不佳, 則酒亦不美.《增補山林經濟》

淸明水、穀雨水造酒, 則色紺味烈, 可儲久. 又淸明、穀雨, 取長江水造酒, 則色紺味別. 蓋取時候之氣.《東醫寶鑑》

"물맛이 좋아야 술맛도 좋다."

물이 좋지 못하면 술맛이 좋지 못한 건 당연한 사실이다. 예로부터 장맛이 좋은 곳, 술맛이 좋은 곳, 장수를 하는 곳, 미인이 많은 곳은 물이 좋은 곳이다. 인체의 70%가 수분으로 이루어진 것을 생각하면 맛을 떠나서 좋은 물은 인간의 삶을 좌우한다고 해도 과언이 아니다. 물은 우물물, 시냇물, 산골 물, 강물, 빗물 등이 있으나 현대의 술 빚는 데 사용하기에는 환경 오염 때문에 적합하지 못한 점이 있다. 선생은 바위틈에서 졸졸 흘러나오는 유혈수(乳穴水)가 술 빚기에 가장 좋은 물이라고 하였다. 저울질을 해보면 다른 물보다 무겁고 끓어오르면 위에 소금꽃이 핀다. 이 물은 젖과 효능이 같아 술을 빚으면 사람의 몸에 크게 유익하다.

술에서 물의 중요성은 아무리 강조해도 지나치지 않다. 술 빚을 때 끓여서 식힌 물을 사용해야 잡균을 없애준다. 또한 술 빚을 때는 술의 오염을 방지하기 위해 날물이 들어가서는 안 된다. 술 빚기에 적합한 물은 칼슘과 마그네슘 등 염류가 많이 들어 있는 '경수'보다 염류가 적은 '연수'가 좋다.

선생은 물에 대해서 다음과 같이 기록하였다.

하늘은 사람을 낳아 물과 곡식으로 기른다. 그러므로 "물이 없으면 영기(營氣)가 흩어지고 곡식이 없으면 위기(衛氣)가 사라진다."라 했다. 장중경(張仲景)은 "물이 경락(經絡)에 들어가야 피가 생겨나고 곡식이 위에 들어가야 맥도(脈道)가 운행한다."라 했으니, 물이 사람에게 또한 어찌 중요하지 않겠는가!

조주본방

술밑 만드는 법

술밑 만드는 법

흰 쌀 1말을 깨끗이 씻어 항아리에 넣고 끓인 물을 따뜻하게 식혀 부어준다. 사흘이 지나서 맛이 시어지면 신물을 버린다. 또 맑은 물로 깨끗이 씻어 솥에 넣고 죽처럼 쑤어 누룩가루 1.5되와 섞어서 빚어 익으면 쓴다.《삼산방》

造酒本方

白米一斗, 淨洗入缸, 以沸湯水, 停溫注之. 經三日, 味酸, 去酸水. 更以淸水淨洗, 下鼎作爛粥, 麴末一升半和釀, 待熟用之.《三山方》

2

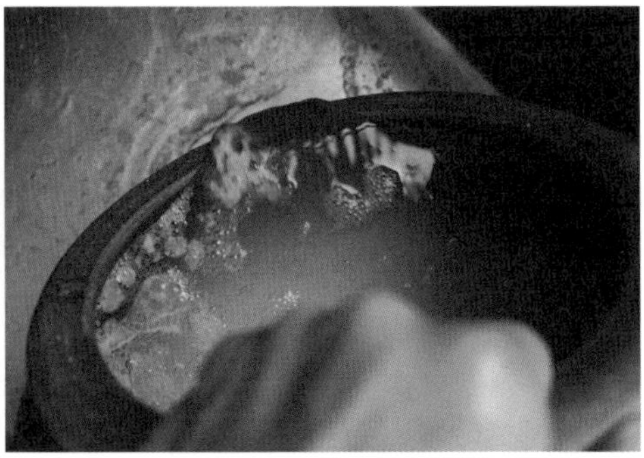

3

4

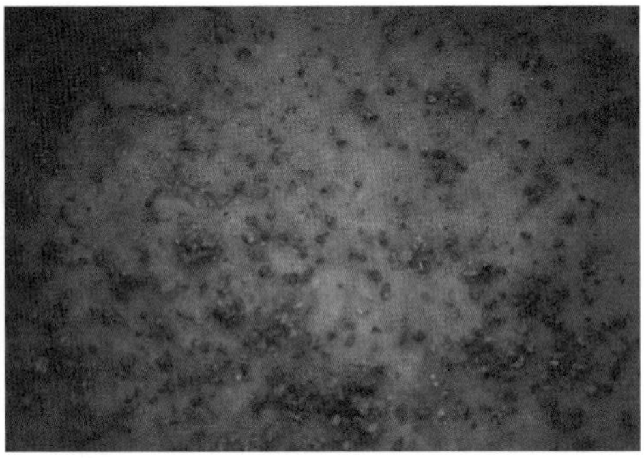

5

● 재료

멥쌀 8kg
누룩 900g
물 12L

● 주본 만드는 법

1 멥쌀을 깨끗이 백세하고 항아리에 넣는다.
2 물을 팔팔 끓이고 따뜻하게 식힌 뒤 항아리에 부어준다.
3 3일 후 맛이 시어지면 신물을 버리고 흐르는 물로 깨끗이 씻어준다.
4 분량의 물과 함께 죽처럼 쑤고 식도록 둔 뒤 누룩과 고루 치댄다.
5 치대기를 마치면 항아리에 옮겨 담고 술이 익으면 사용한다.

주본(酒本)은 밑술, 술밑, 주모(酒母)라고도 한다. 밑술로만 빚은 술이 단양주이며 단양주를 거르지 않은 것이 밑술이다. 밑술에 다시 술을 빚어 넣으므로 처음 담근 술을 밑술, 나중에 밑술에 더하는 술을 윗술, 덧술이라고 한다.

〈정조지〉에서는 생쌀에 따뜻한 물을 부어 자연발효시킨 후 신물을 버리고 맑은 물로 깨끗이 세척한 다음 죽처럼 쑤어 누룩가루를 넣고 밑술을 만든다.

주본은 다시 술을 더하여 빚을 때 이용되는 거르지 않은 술이다. 술밑에는 다양한 효모가 있어 덧술이 알코올을 빠르게 생성할 수 있게 도와 잡균의 번식을 막아 술의 실패를 줄여준다. 잘된 술밑이 있으면 도수가 높으면서도 향미가 좋은 술이 만들어진다. 한 번에 빚는 단양주나 빠르게 익히는 순내양류 등의 술을 제외하고 대부분의 술이 술밑에 덧술을 더해서 술을 빚는다.

〈정조지〉에 소개된 주본(술밑)은 생쌀을 따뜻한 물에 바로 불리는 거라 조금 더 신경을 써서 백세한 후 물기를 뺀 다음 따뜻한 물을 부어 준다. 3일이 지나 독을 확인해보니 상한 냄새가 나서 놀랐다. 거품이 떠 있었다. 쌀을 담가 두었던 물을 버리고 흐르는 물로 계속 씻어 주었다. 물이 맑아지자 쌀알을 씹어보니 맛은 의외로 괜찮다.

문헌에 죽처럼 쑤라 하여 물 양을 넉넉히 잡고 쑤기 시작하였다. 죽을 완전히 식히고 나자 떡 풀어놓은 것 마냥 뻑뻑하다. 분량의 누룩을 넣고 손으로 치대기를 하는데 보통 힘든 것이 아니었다.

주본을 항아리에 담고 보쌈만 한 상태인데 며칠간 독이 계속 따뜻하였다. 시간이 더 지나자 술의 형태를 띠면서 밑술의 역할을 할 수 있게 되어 향온주, 꿀술, 오호주 등에 사용하였다.

〈정조지〉의 밑술 만드는 방식은 쌀의 부패를 통해서 쌀 속의 전분을 효과적으로 추출하여 발효를 촉진하고 향미를 더하고자 하는 의도로 생각되었다. 쌀을 사전에 삭혀서 당화가 잘 일어나도록 사전 준비를 한 것이다

조부본방
썩임 만드는 법

썩임 만드는 법 ❶

흰 쌀 1말을 깨끗이 씻어 물에 담그는데 겨울에는 열흘, 봄가을에는 닷새, 여름에는 사흘 동안 한다. 쌀알 깊숙이 축축하게 젖어들면 건져서 푹 쪄 익힌다. 누룩 약간을 넣고 손으로 비벼 충분히 고루 섞어 항아리에 넣고 아가리를 봉한다. 겨울에는 따뜻한 곳에 여름에는 서늘한 곳에 두고 삭아서 술이 되면 취하여 쓴다. 그 맛이 약간 시고 텁텁하면서도 매끄러운 것이 좋다.《동의보감》

썩임 만드는 법 ❷

다른 방법 : 흰쌀 2되를 깨끗이 씻어 물에 담그고 쌀알 깊숙이 축축하게 젖어든 후에 걸러내서 작은 항아리에 넣어둔다. 물 2사발을 팔팔 끓여 떠 넣고 숟가락으로 고루 저어 김이 새지 않도록 아가리를 봉하여 따뜻한 곳에 둔다. 이틀째 열어보면 쌀알에 거품이 이는데 빛깔이 맑은 것이 가장 좋고 흰 것은 그 다음이다. 거품을 제거하고 쌀을 건져서 쪄 익힌 뒤에 앞의 항아리 안의 물에 담가 고루 섞어주는데 너무 매끄럽게 되지 않도록 한다. 식으면 좋은 술 1~2숟갈, 좋은 누룩 2줌을 섞어 넣는다. 사흘째 기운이 한창 왕성할 때 쌀 5말당 밑술 0.5되를 섞어 빚는데 양은 이에 준하여 한다.《삼산방》

造腐本方 ❶

白米一斗, 洗淨浸水, 冬十春秋五夏三日. 待米透心潤濕, 取烝爛熟. 入麴少許, 手挼按十分調均, 納缸封口. 冬置煖處, 夏置涼處, 待消化成酒取用. 其味微酸澁而滑爲好.《東醫寶鑑》

造腐本方 ❷

一法 : 白米二升, 淨洗浸水, 透心潤濕後漉出, 小缸貯之. 水二鉢滾沸, 挹注以匕攪均, 毋泄氣封口, 置溫處. 第二日, 開視則米面生泡, 色清爲上, 白次之. 去泡, 拯米烝熟, 前缸中漬水和均, 毋令過滑. 待涼, 好酒一二匙, 神麴二掬, 和納. 第三日, 氣方盛, 每酒米五斗, 腐本半升和釀, 多少准此.《三山方》

● **재료**

멥쌀 8kg
누룩 900g

1

2

3

● **썩임 만드는 법**

1 멥쌀을 백세한 후 겨울에는 10일, 봄가을에는 5일, 여름에는 3일 동안 물에 담가둔다.
2 시일이 지난 후 쌀을 건져내고 찜기에 푹 찌고 삿자리에 널어 식힌다.
3 분량의 누룩을 넣고 손으로 충분히 비벼질 수 있도록 고루 치댄다.
4 항아리에 넣고 입구를 봉하는데 겨울에는 따뜻한 곳에, 여름에는 서늘한 곳에 둔다.
5 술이 익어 충분히 삭으면 꺼내어 쓴다.

◇◇ 썩임 만드는 법 1

부본(腐本)은 말 그대로 쌀을 썩혀서 술을 담그는 방법이다.

쌀을 깨끗이 씻어 물에 담그는데 날씨에 따라 조절한다. 여름에는 사흘, 겨울에는 열흘이다. 삭힌 쌀알을 건져서 고두밥을 쪘는데 멥쌀인데도 약간 찰기가 있게 쪄졌다. 평소 멥쌀 고두밥처럼 날아다니는 밥이 아니었다. 누룩과 함께 식은 고두밥을 섞어주었다. 치대기는 할 수 없는 뻑뻑한 상황이라 문헌대로 고루 섞어 주었다. 손으로 비벼가며 뭉친 밥알을 풀어주고 누룩을 그 사이사이에 입혀주었다. 한참을 손으로 비벼 충분히 고루 섞어준 뒤 봉입했다.

사흘 뒤 독을 열어 확인해보니 생각 밖에 온화한 단내가 나면서 독 안에 방울방울 물방울이 맺혀 있었다. 이틀을 더 두었다가 걸렀는데 멥쌀술이지만 발효유처럼 매끈한 무게감이 느껴지며 시큼하다. 〈정조지〉에서는 떫은 것이 좋다고 하였는데 크게 떫은맛은 느낄 수 없었다.

◇◇ 빠르게 썩임 만드는 법 2

속성으로 부본을 만드는 방법이다.

물에 담가 충분히 불린 쌀을 항아리에 담고 동량의 뜨거운 물을 부어 밀봉하여 두었다. 이틀이 지나 열어보는데 쌀알에 거품이 일고 맑은 것이 잘 된 것이고 흰 것이 그 다음이다. 쌀을 쪄서 고두밥을 만든 다음 뜨거울 때 쌀을 담갔던 항아리 안의 물과 섞는다. 물이 너무 매끄러우면 반만 넣고 반은 뜨거운 물을 섞으면 좋다. 밥이 식으면 좋은 술 1~2수저나 좋은 누룩 2줌을 넣어 준다. 사흘째 발효가 가장 잘 되고 있을 때 밑술을 섞어 빚는다.

봉양법

밀봉하여 빚는 법

밀봉하여 빚는 법

좋은 술을 빚으려면 진흙으로 아가리를 봉하고 조금이라도 새지 않도록 하여 몇 년 숙성시키면 그 맛이 좋다.《양명집》

封釀法

釀好酒, 以泥封口, 莫令絲毫漏泄, 藏之數年, 其味佳.《陽明集》

항아리에 술을 넣고 항아리 뚜껑을 밀봉하여 빚는 방법이다. 보통은 술을 항아리 안에 안치고 면보로 항아리 입구를 덮은 다음 항아리 뚜껑을 닫고 발효를 시킨다. 발효를 하는 중간에 술의 상태가 궁금하여 항아리 뚜껑을 열고 살며시 발효 중인 술을 엿보기도 하고 아예 머리를 박고 킁킁거리며 냄새를 맡는다. 심지어는 손가락으로 술을 찍어 맛을 보며 술의 발효 상태를 살핀다. 가끔 병 안에 넣어둔 과일이 방치되어 향기로운 술로 변한 것을 발견하는 경우가 있다. 우리 술도 와인처럼 오크통 안에 넣고 밀봉한 상태에서 발효시키는 것에 대해 생각만 하고 있던 터라 밀봉하여 빚으라는 선생의 제안이 반갑다. 진흙으로 항아리 입구를 밀봉하라고 하여 오색황토를 반죽하여 항아리 입구를 밀봉하고 시원한 곳에 술 항아리를 두었다. 한겨울에 빚은 술을 봄꽃이 만발한 어느 봄날 열어 보았다. 청명한 봄 하늘처럼 맑은 술 위로 궁금한 내 얼굴이 비친다. 용수를 박지 않아도 될 만큼 맑은 술이 저절로 만들어졌다.

수중양법
물속에서 빚는 방법

물속에서 빚는 방법

여름에 물속에서 술을 빚는 방법:땅을 파서 구덩이를 만들고 작은 항아리에 술을 빚어 구덩이 안에 앉힌다. 큰 독으로 작은 항아리를 덮고 독 아가리가 땅에 닿는 부분을 흙과 모래를 쌓아 막은 다음 바로 샘물을 끌어대어 물에 잠기게 한다. 비록 독이 물에 잠겨도 해는 없다. 익으면 꺼내 쓴다.《증보산림경제》

水中釀法

夏月水中釀酒法:掘地爲坎, 用小缸釀酒, 安坎內. 以大甕韜覆小缸, 就甕口着地處, 堆土沙塞壅, 卽引泉灌浸水. 雖沒甕, 亦無害. 待熟, 取用.《增補山林經濟》

여름에 술을 빚는 방법이다. 더운 여름철에 술을 만들면 높은 온도에서 과발효를 하기 때문에 좋은 술을 얻기가 힘들다. 구덩이를 파고 술을 앉힌 다음 술을 앉힌 항아리보다 더 큰 독으로 덮는다. 독 아가리가 땅바닥에 닿는 부분을 흙과 모래로 막으라고 하였는데 흙과 모래보다는 자갈이나 돌덩이로 막아야 한다. 그리고 물을 구덩이 안에 채우는 방식이다.

상조법

술주자에 얹는 법

술주자에 얹는 법

술을 빚어 술주자에 얹어 짤 때 날씨가 차면 과하게 익혀야 술이 맑고 많이 나오며 표면에 흰 골마지가 적다. 따뜻하거나 선선할 때와 더울 때는 적당히 익으면 바로 짜야 한다. 재강이 과하게 익은 데다 또 술주자 안에서는 잘 뜨거워지므로 시어지는 경우가 많기 때문이다. 대략 술을 빚어 익을 때까지 추울 때는 24~25일, 따뜻하거나 선선할 때는 반달, 더울 때는 7~8일이면 바로 술주자에 얹어 짤 수 있다. 술주자를 고르게 장치하여 펴고 손으로 가마를 누르고 모탕과 거적을 바르게 놓는다. 중요한 점은 압착할 때 고르고 마른 상태여야 하고 튀어서 손실되는 부분이 없어야 한다. 술을 항아리에 옮겨 넣을 때는 손을 드리우고 항아리를 기울여 붓되 술이 씻겨서 맛이 손상되지 않도록 한다. 추울 때는 거적을 사용하여 밀기울로 덮개를 감싸며 따뜻하거나 선선하면 제거하고 홑 베로 덮어준다. 3~5일 지나면 청주를 걸러서 병에 넣는다.《거가필용》

上槽法

造酒上槽, 寒須是過熟, 卽酒清數多, 渾頭白醭少. 溫凉時并熱時, 須是合熟便壓. 恐酒醅過熟, 又槽內易熱, 多致酸變. 大約造酒自下腳至熟, 寒時二十四五日,溫凉時半月, 熱時七八日, 便可上槽. 仍須均裝停鋪, 手安壓鈙, 正下砧簟. 所貴壓得均乾, 並無湔失. 轉酒入甕, 須垂手傾下, 免見濯損酒味. 寒時用草薦, 麥麩圍盖, 溫凉時去了, 以單布盖之. 候三五日, 澄折清酒入瓶.《居家必用》

'고주망태'라는 말은 "술을 많이 마셔 정신을 차릴 수 없이 취한 상태"를 이르는 말이다. 고주와 망태의 합성어로 여기서 고주가 바로 술주자이다. 처음 고조로 불렸던 이 술주자는 시간이 흐르며 고주가 되었고 술을 거르거나 짤 수 있는 형태의 틀 역할을 했다. 이 술 짜는 틀과 함께 새끼나 노로 엮어 만든 망태가 늘 함께 따르는데 술주자 위에 망태를 올리고 술을 담아 짜나간다. 망태는 술 만드는 곳에서는 쉬지 않고 술을 담아 짜내는 역할을 해 언제나 술에 절어 있는 상태가 된다. 이렇듯 도구의 이름을 빌어 술 취한 이를 익살스럽게 표현한 것을 보면 재미있다.
술이 익는 기간을 겨울에는 한 달여, 봄과 가을에는 겨울의 반인 보름을 그리고 여름에는 봄과 가을의 반인 7~8일이라고 하여 대략 그 즈음부터 술을 거를 준비를 하라고 한다. 특히, 귀한 술의 손실을 막기 위해 주자를 바르고 평평하게 앉힐 것을 강조한다. 술을 걸러서 항아리에 담을 때에는 손을 술에 담그지 않도록 주의를 당부하는 것도 잊지 않았다. 거른 술은 겨울에는 거적이나 밀기울을 덮어서 너무 차갑지 않도록 해야 좋은 청주를 얻을 수 있다.

Tip

술을 거르는 시기 판단하기

술이 익는 시기는 술이 가진 특성에 따라 다르게 나타난다. 누룩이 가진 힘의 세기와 사용하는 재료들과 그 재료들의 처리 방법, 물의 사용 비율에 따라 술이 익는 속도가 달라지며 계절이 지닌 특성과 숙성실의 환경에 따라 술을 거르는 시기가 달라지니 이에 유념하여 틈틈이 술의 상태를 체크해 나가는 습관을 가지는 것이 좋다.

수주법

술 거두는 법

술 거두는 법

술주자에 얹어 그릇에 방울져 떨어질 때는 멀리 떨어져 술이 손실될까 염려하여 작은 대나무로 받아내도 좋다. 술을 짤 때에는 끓는 물로 병과 그릇을 씻어 깨끗하게 한다. 거른 후에 2~3일간 지켜보고 맑게 가라앉힌다. 겨우 흰 실오라기 같은 것만 있을 때 바로 맑은 것만 걸러내는 것을 기준으로 하면 술맛이 배가 된다. 바로 밀랍종이로 밀봉하고 가득 채워 넣되 병이 클 필요는 없으며, 술병을 뭔가로 받쳐줘야 하니, 지기가 술을 발동시켜 술맛을 잃을 염려가 있기 때문이다. 또 자주 이동해서는 안 된다. 대개 술을 맑게 하여 청주를 얻고 가득 채워 놓으면 소주를 내리지 않아도 여름에 보존할 수 있다. 《거가필용》

收酒法

上榨以器就滴, 恐滴遠損酒, 或以小竹子, 引下亦可. 壓下酒, 須是湯洗瓶器令淨. 控候二三日, 次候折澄去盡腳. 纔有白絲則渾, 直候澄折得清爲度, 則酒味倍佳. 便用蠟紙封閉, 務在滿裝, 瓶不在大, 以物閣起, 恐地氣發動酒腳, 失酒味. 仍不許頻頻移動. 大抵酒澄得清, 更滿裝, 雖不煮, 夏月亦可存留. 《居家必用》

술을 거둬 잘 보관하면 여름도 날 수 있다 했는데 그만큼 잘 빚어진 우리 술은 저장 기간이 길다. 발효가 잘되어 술의 도수가 높으면 술에 잡균이 들지 않아 오래 숙성 보관할 수 있다. 청주의 형태로 걸러 보관하면 그 기간이 더 길어질 수 있다.
실제로 잘 빚어진 청주는 병입이 된 채로 몇 년이고 갈 수도 있다. 하지만 현재 시중에 유통되고 있는 청주나 탁주의 유통기한을 보면 상당히 짧은 것을 알 수 있다. 김치 역시 유통기한이 있지만 몇 년이 지난 묵은지를 자랑스럽게 생각하고 보물처럼 여긴다. 또한 술을 짤 때와 병에 넣을 때 도구들까지 뜨거운 물로 소독할 것을 당부하고 있는데 잡균이 술에 들어가지 않게 하기 위해서다.
밀랍종이로 공기를 차단한 술은 병 속에서 후숙성 과정을 거치게 되어 맛이 어우러진다. 세월 속에 숙성된 와인이 마케팅에 성공하는 빈티지를 가지게 되는 것이다. 와인에는 있고 우리 술에는 없는 가장 큰 차이점이 바로 이것이다.

Tip

소독에 대하여

술 빚기를 하고 술을 걸러 병입할 때 모든 기물을 끓는 물로 소독해 주는 것은 술을 오래 보관할 수 있게 하는 요령이다. 또한 술 항아리를 소독할 때 가장 좋은 방법은 끓는 냄비에 솔잎을 넣고 그 위에 항아리를 거꾸로 뒤집어 놓아 소독하는 증기소독을 추천하는데 항아리 전체가 뜨거워지면 중약불에서 20~30분 가량 더 두어 소독한 후에 뜨거운 물로 독 전체를 깨끗이 씻어주면 마무리된다.

자주법
술 고는 법

술 고는 법

【안. 중국사람들은 술을 보관할 때 반드시 고아서 저장하므로 여름에도 변하지 않는다.】일반적으로 술을 골 때는 술 1말에 밀랍 2돈, 죽엽 5잎, 관국천남성원 반 알을 섞어 술 안에 넣고 법대로 봉하여 시루 안에 둔다.【가을과 겨울에는 천남성환을 쓰고, 봄과 여름에는 밀랍과 죽엽을 쓴다.】그런 뒤에 불을 당긴다. 시루 덮개에 주향이 배어들고 술이 끓어 넘쳐흐르면 시루 덮개를 열고 1병을 취하여 열어보는데 술이 샘솟으면 익은 것이므로 바로 불을 끄고 한참 동안 지난 후에야 취하여 석회 가운데 두고 자주 움직이지 않는다. 백주는 술을 가라앉혀 맑아진 연후에 고는데 골 때 술 방울이 떨어지는 병에 뽕나무 잎을 두어 그윽한 향기가 끊어지지 않게 한다.《거가필용》

煮酒法

【案. 中國人藏酒必煮熟收貯, 夏月亦不變.】凡煮酒, 每斗入蠟二錢、竹葉五片、官局天南星圓半粒, 化入酒中, 如法封繫, 置在甑中.【秋冬用天南星丸, 春夏用蠟并竹葉.】然後發火. 候甑蓋上酒香透, 酒溢出倒流, 便更揭起甑盖, 取一瓶開看, 酒滾卽熟矣, 便住火, 良久方取下, 置於石灰中, 不得頻頻移動. 白酒須撥得清, 然後煮, 煮時瓶用桑葉冥之, 庶使香氣不絕.《居家必用》

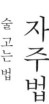

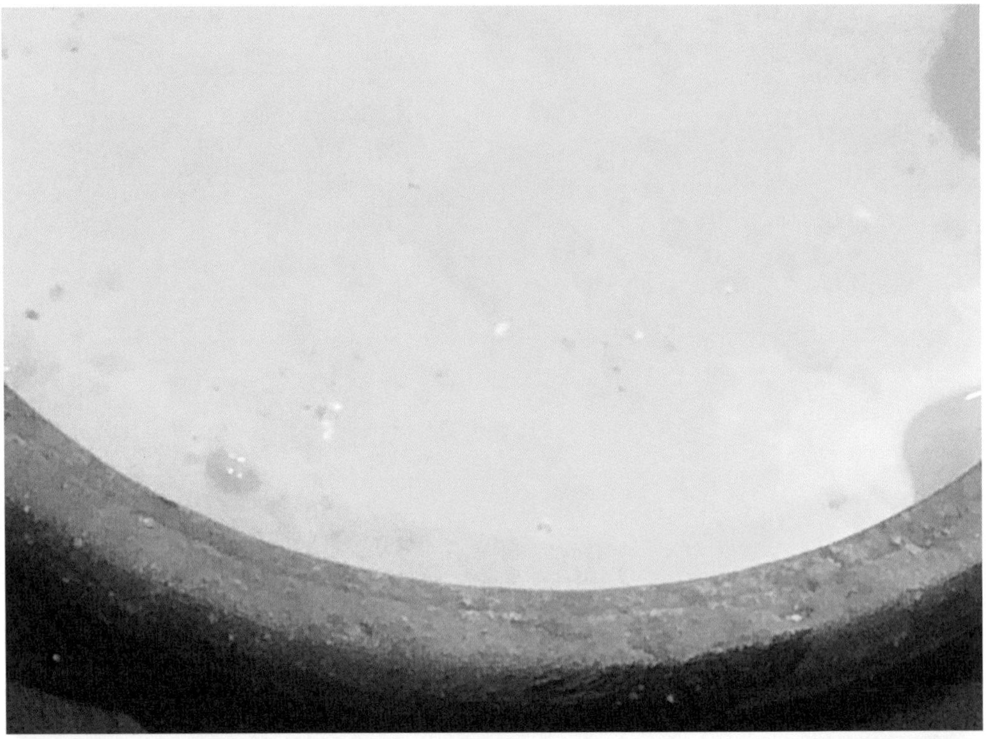

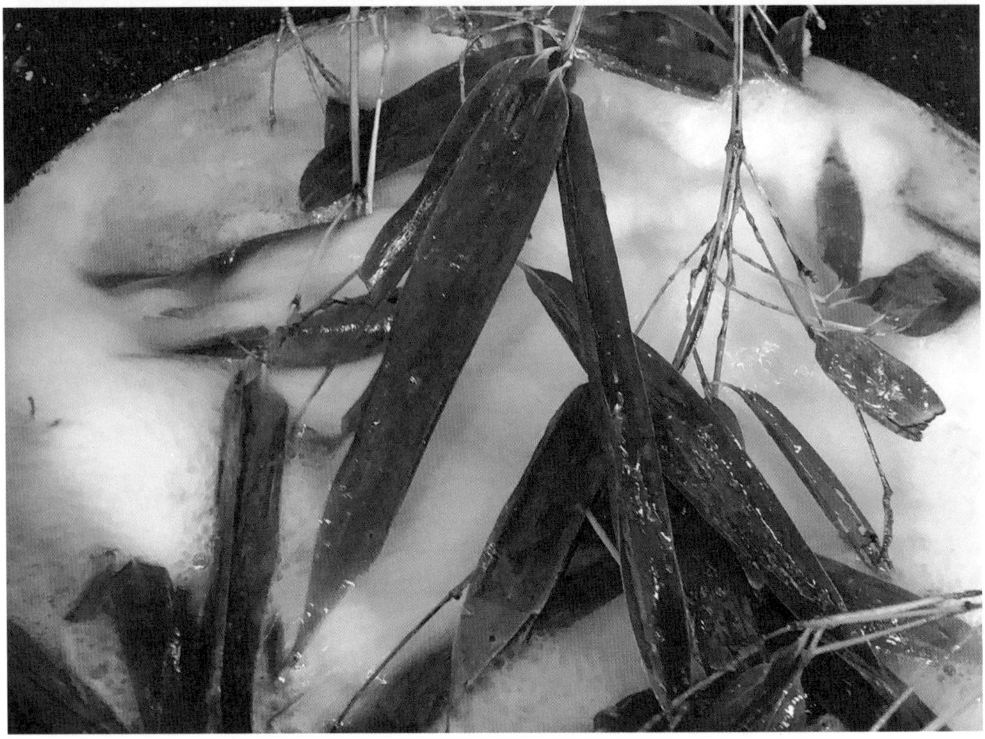

냉장과 냉동 시설이 없던 시절에 음식을 보관하는 방법으로는 건조법, 훈증법, 땅에 묻거나 동굴에 넣기, 깊은 물 속에 넣기, 살균하여 밀폐 보관하거나 설탕, 소금 등에 절이는 방법 등을 활용하여 음식이 상하는 것을 방지하였다. 집에서는 김을 쐬거나 끓이거나 졸이는 방법으로 음식의 보존성을 높였다. 대표적인 예가 '고'를 만드는 방법이다.

도수가 높은 술은 오래 보관할 수 있지만 도수가 낮은 술은 쉽게 변질된다. 냉장고가 없던 시절 술의 보존성을 높이는 것은 큰 관심사였을 것이다.

〈정조지〉에서는 술을 단순히 고는 것 외에도 보존성을 높이는 재료들을 첨가한다. 봄과 여름에는 보존성이 뛰어난 밀랍과 죽엽을 쓰고 가을과 겨울에는 천남성환을 쓰라고 하였다. 시루에 술을 먼저 부은 다음 밀랍, 죽엽 또는 천남성환을 넣고 하루 이틀 재료의 향이 충분히 우러날 때까지 둔다. 시루 덮개에까지 주향이 배어 들고 술이 팔팔 끓으면 불을 끈다. 술이 담긴 뜨거운 시루 안에 석회를 넣고 조용히 두었다가 술이 식으면 거두어 들인다. 천남성환은 독초 중의 독초인 천남성을 법제하여 환으로 만든 것으로 중풍과 담적을 치료하는 데 특효가 있다. 석회를 넣는 이유는 석회가 방부 작용을 하기 때문이다. 밀랍 대신 꿀을 넣거나 후추나 산초, 천초 등을 넣어도 좋다. 팔팔 끓이는 것보다는 서서히 김을 쐬어서 고는 것도 방법이다.

누룩 만들기

누룩은 술의 발효제로 술 만드는 효소를 가지고 있는 곰팡이를 곡류에 번식시킨 것이다. 녹말의 당화를 촉진시키는 엿기름은 겉보리에 물을 주어 싹을 낸 다음 말려 식혜와 엿을 만드는 데 쓰인다. 누룩은 한여름에 만들고 엿기름은 싹이 더디 나는 기온이 낮은 늦가을에 키운 것이 품질이 우수하다.

누룩은 쌀, 보리, 녹두, 기장, 조 등으로 만들 수 있지만 보통은 밀을 가장 많이 사용한다. 밀에 함유된 글루텐 성분이 누룩 성형에 도움을 주어 술 빚기에 좋은 단단한 누룩이 만들어지기 때문이다.

좋은 누룩을 만들기 위해서는 재료의 선별이 무엇보다 중요하다. 곡식은 제대로 여물고 보관상의 문제가 없어야 한다. 깨끗이 세척하여 이물질과 잔류 농약이 남아 있지 않도록 한 다음 볕에 말려 맷돌이나 방앗간에서 분쇄를 하는데 낱알이 남아 있지 않으면서도 최대한 거칠게 파쇄해야 한다. 그날의 습도에 대략 누룩 양의 18~20% 수분을 주어 치대기를 한 다음 누룩틀에 넣고 성형을 한다. 나쁜 미생물의 발생을 억제하고 방향성이 좋은 누룩을 만들기 위해서는 최대한 단단하게 다져야 한다.

서유구 선생은 누룩은 밀을 띄운 것으로 빚는 데 사용되고 엿기름은 곡식의 싹을 낸 것으로 단맛을 내는 데 쓰이는데 우리나라 사람들은 누룩을 술과 식초에만 사용하고 중국 사람들은 장과 젓갈을 담는 데도 넣는다고 한다. 또 엿기름은 두 나라 모두 엿을 고는 데만 쓰고 있어 그 쓰임이 매우 협소하다고 안타까워한다.

우리나라에서는 콩을 삶아 띄운 메주로만 간장과 된장, 고추장을 만들지만 중국과 일본은 누룩을 첨가하여 된장과 간장을 만들기도 하는 것을 보면 우리나라가 누룩의 쓰임이 적은 것 같다.

적당한 양의 누룩을 사용하여 발효시킨 젓갈은 짠맛이 줄어 들고 다양한 풍미가 난다. 엿기름도 생선 등을 발효시키는 데 사용하면 풍미가 뛰어나고 식감이 부드러워진다. 가자미식해가 엿기름을 활용한 전통 음식이지만 선생이 언급하지 않은 이유는 가자미식해가 당시에는 없었거나 극히 일부지역에서만 먹는 음식이었다고 생각된다. 엿기름을 더하여 누룩을 만들면 발효시간이 단축되고 맛도 달고 부드러울 뿐만 아니라 소화를 촉진시키는 술이 된다. 엿기름을 더하여 술을 빚는 것도 엿기름 누룩과 같은 효과를 볼 수 있다. 이밖에 엿기름과 누룩은 산사, 진피, 나팔꽃씨, 복령, 방아풀 등을 넣은 건미차와 차조밥을 엿기름에 삭혀 끓여 먹는 골감주와 오래 두어도 굳지 않는 노티떡을 만들 수 있다.

일본에서는 누룩을 술 이외에도 여러 음식에 다양하게 활용하는데 소금을 누룩에 발효시켜 부드러운 짠 맛을 낸 누룩소금이 대표적이다. 이스트 대신 누룩을 넣고 빵을 발효시키면 빵에서 꽃향기가 나고 빵이 잘 굳지 않는다.

세계 음식의 가장 큰 화두는 단연코 '발효'다. 간장, 된장, 김치, 고추장, 식초, 식혜, 청국장, 치즈, 요구르트, 와인 등이 대표적인데 한국이 가장 다양한 발효 음식을 가지고 있는 나라다. 선조들이 누룩과 엿기름으로 만들어 먹던 다양한 발효 음식을 복원하는 노력과 새로운 발효 음식을 개발하는 노력이 절실하게 필요하다

제 2 장

〈정조지〉 속의 술

이번 장에서는 본격적으로 술 빚는 방법에 대해 다루고 있는데, 〈정조지〉 속에는 술이 가지는 특성에 따라 종류를 나눠 분류해 놓았다. 계절의 기운을 빌려서 빚은 술인 '시양류'부터 꽃과 잎 향료를 넣어 빚은 술인 '향양류', 10일 내에 익는 술들을 기록한 '순내양류' 그 외에도 '앙료류', '예류', '주류', '소로류' 등 다양한 분류법을 통해 술의 종류를 기록해 놓았다. 그중 33가지 술 제조법을 가려 문헌의 내용에 기반을 두어 복원을 했다. '온배지류'편 마지막 부분에는 부록으로《임원경제지》〈보양지〉에 자세히 기록되어 있는 약술에 대하여 간단히 나열해 놓았다. 이번에는 따로 복원하지 않았으나 책에 내용이 있으니 참조하기 바란다.
또한 술을 빚는 것도 중요하나 어렵게 만든 술이 발효 과정에서 잘못되거나 거른 술을 잘 보관하지 못해 상하는 경우도 있는데 이를 방지하고자 다양한 문헌들을 인용해 예방법을 나열하고 있다. 더불어 음주로 인한 병을 막고 술을 잘 알고 마시는 방법을 열거하며 술과 어울리는 안주도 예로 들어 바른 음주예절을 소개하였다. 이렇듯 술은 우리 상차림에서 중요한 역할을 하면서 동시에 많은 예법들을 가지고 있다. 제2장에 나오는 다양한 술들을 빚어 보면 그 시대의 술 문화를 배울 수 있고 마음을 다해 빚으면 술을 마시는 바른 자세까지도 알 수 있게 된다.

향온주

궁중 내의원에서 빚은 누룩을 이용하다

향온주

【내국(內局, 내의원)법에 따라 빚는다】 누룩 디디는 방법: 보리를 갈아서 그 가루를 체로 치지 않은 상태로 한 덩이마다 1말씩 넣고 잘게 부순 녹두 1홉과 잘 섞어 누룩을 디딘다. 향온주 빚는 법: 흰쌀 10말, 찹쌀 1말을 백번 씻어 쪄내고 끓는 물 15병과 잘 섞어 물이 고두밥에 다 흡수되기를 기다린다. 그런 뒤에 삿자리에 펴서 식힌다. 한참 뒤에 누룩 가루 1.5말, 석임 1병을 잘 섞어 빚는다. 《고사촬요》

香醞酒方

【內局法釀】造麴法: 磨麥不篩其末, 每一圓入一斗, 碎綠豆一合, 調和踏麴. 釀法: 白米十斗、粘米一斗, 百洗烝出, 用熱水十五瓶, 調和, 待水盡透入于烝飯. 然後鋪於簟席, 待冷. 良久, 麴末一斗五升、腐本一瓶, 調和釀之.《攷事撮要》

향기 '향', 빚을 '온', 술 '주', 향기롭게 빚어진 술. 향온주의 이름은 이처럼 아주 담백하게 풀이된다. 이런 단순하면서도 고운 이름을 가진 술이 현재 우리 세대에게 전달이 되지 못한 것이 너무 안타깝다. 조선시대 문헌에 등장하는 이 술은 향온곡이라 불리는 누룩을 디뎌 함께 술을 빚는 데 사용해 왔는데 향온곡을 만들어온 곳이 내의원, 바로 궁중의 의약을 담당하던 관청이었다. 그 특별한 누룩으로 만든 술이 어떠한 형태로든 명맥을 이어 오지 못해 가슴이 아프다. 이러한 술들이 수백 종에 달하는데 오늘 그 첫 번째 잃어버린 단추를 다시 채워 보고자 한다.

※ 실제 문헌의 재료의 양을 반 말 독 기준에 맞춰 계량한 후 술을 빚었다.

2

4

● 재료

멥쌀 4kg
찹쌀 400g
끓인 물 1.5L
향온곡 450g
밑술 100mL
* 누룩은 보리 8kg에 녹두80g 기준으로 만들어 준비한다.

● 술 빚는 법

1 분량의 멥쌀과 찹쌀을 함께 백세한 후 하룻밤 물에 담가둔다.
2 다음 날 흐르는 물에 쌀을 헹구고 물기를 뺀 후 시루에 올려 고두밥을 만든다.
3 다 된 고두밥을 자배기에 옮기고 준비해둔 끓인 물을 부어 다 스며들도록 한다.
4 밥을 삿자리에 펴서 식힌 뒤 들여와 향온곡과 밑술을 함께 섞어 치대기를 한다.
5 고루 치대기를 마치면 항아리에 담고 발효와 숙성을 거쳐 술을 익혀나간다.

해독 능력이 탁월한 녹두로 빚은 향온곡은 건강을 함께 생각하는 궁중에서 사용한 누룩이다. 알코올을 잘 분해해 숙취를 방지하고 은은한 향기까지 담은 향온곡주는 현대인에게도 유익한 술이다. 녹두는 매끄럽고 맛이 고소하면서 뒷맛이 깔끔하다. 법제해둔 향온곡 역시 통밀누룩보다 고소하고 좀 더 복합적인 맛이 난다.
술을 빚을 때 고두밥이 잘 쪄져야 숙성 과정에서 휘발성의 아세톤 향이 나지 않는다. 쌀알 속까지 충분히 뜸이 들도록 불 조절을 잘해야 한다. 불을 너무 세게하면 속까지 호화되기 전에 말라버릴 수 있어 충분히 김이 올라올 수 있게 센 불, 중불, 약불, 중불로 상황에 맞게 불 조절을 한다. 고두밥이 잘 쪄져야 술이 맑고 깨끗하게 나온다. 설익은 고두밥보다는 차라리 진밥이 낫다.
찐 고두밥은 주걱으로 재빠르게 풀고 자주 뒤집어 덩어리진 부분이 없게 풀어준다. 그래야 누룩균의 침투를 돕고 고르게 발효가 된다. 끓는 물을 붓고 흡수시켜 말린 고두밥과 향온곡, 밑술을 섞어 치대기를 하면 차츰 농도가 묽어진다.
술을 단순히 취하기 위해 먹는 사람은 줄고 있다. 술을 통해 자신의 기호와 취향을 나타내고 술에 관한 문화를 즐기려는 사람들이 늘고 있다. 향온곡주는 다양성과 희소성, 건강을 생각하는 가치, 향기까지 균형이 잘 잡힌 술이다. 그것만으로도 좀 더 많은 사람들이 알고 즐길 가치가 있다.
마시되 몸이 상하지 않게 녹두누룩을 활용한 향온곡은 술의 기본정신을 잘 말해주는 술이다.

녹파주

청아한 파도 색이 떠오르는 술

녹파주

【경면녹파주라고도 한다】 흰쌀 1말을 물에 담가 하룻밤 묵혔다가 가루 낸다. 물 2말로 죽을 쑤어 식힌다. 누룩가루 2되를 고루 섞어 밑술을 만든다. 찹쌀 2말을 물에 담가 하룻밤 묵혔다가 쪄 익힌다. 끓는 물 3말과 고루 섞어 식히고 앞의 밑술과 합쳐서 빚은 다음 익은 뒤에 술주자에 얹으면 술 5말을 얻을 수 있다. 또 다른 방법: 찹쌀 1말을 가루 내어 밑술을 만든다. 흰쌀 2말 내지 3말을 가루 내어 죽을 쑨다. 빚는 방법은 위와 같다. 빛깔과 맛이 유달리 뛰어나며 술도 많이 나온다.《사시찬요》

綠波酒方

【一名鏡面綠波酒】白米一斗, 水浸經宿作末. 以水二斗, 作粥待冷. 麴末二升, 調均作本. 粘米二斗, 水浸經夜蒸熟. 以熱水三斗, 拌均待冷, 與前本合釀, 待熟, 上槽, 可得酒五斗.又方 : 粘米一斗, 作末爲本. 白米二斗或三斗, 作末作粥. 釀法上同. 色味殊絕, 且多出.《四時纂要》

문헌에서 녹파주를 두고 "빛깔과 맛이 유달리 뛰어나며 술도 많이 나온다."고 하였는데 특히 녹파주의 이름을 풀어 해석해 보면 '파도의 물결과 같은 술'로 풀이되는데 빚어 놓은 술 빛깔이 마치 파도치는 바다의 물결과 같다고 하였다. 이 물결은 동해안의 깊은 바다보다는 서해안의 수심이 옅은 해안에서 볼 수 있는 청아한 색을 떠올리는 것이 좋겠다. 4월의 온화한 기후에 녹파주를 빚어가며 괜히 술 이름에 마음이 들떠 올랐다.

* 실제 재료의 양을 한 말 독 기준으로 계량하여 술을 빚었다.

◇

밑술

3

5

● 재료

멥쌀 1.6kg
물 7.2L
누룩 500g

● 밑술 빚는 법

1 분량의 멥쌀을 백세하여 하룻밤 두었다가 곱게 가루 낸다.
2 냄비에 가루를 두고 물을 부어 풀어준 후 죽을 쑨다.
3 죽이 차갑게 식으면 누룩을 넣고 고루 치대기를 한 후 항아리에 넣는다.
4 발효실에서 약 25도의 온도가 유지되게 한 후 하루를 둔다.
5 다음날 독이 뜨거워지고 거세게 끓어오르면 차갑게 식혀 둔다.

◇

덧술

2

4

● 재료

찹쌀 3.2kg
끓인 물 10.8L

● 덧술 빚는 법

1 분량의 찹쌀을 깨끗이 백세하고 하룻밤 물에 담가둔다.

2 다음날 쌀을 흐르는 물에 헹구고 물기를 뺀 후 고두밥을 찐다.

3 고두밥이 다 식으면 끓여 식힌 물과 밑술을 고루 합해 치대기를 한다.

4 항아리에 넣고 술이 익으면 거르는데 술 한 말을 얻을 수 있다.

녹파주는 문헌에 “빛깔과 맛이 유달리 뛰어나며 술도 많이 나온다”고 나와 있다. 이름처럼 맑고 투명한 술에 이는 물결이 그윽하다. 이름만으로도 시적이다. 밑술을 빚은 후 덧술을 해 심도 있는 맛과 투명도를 얻었다.

첫날 멥쌀가루로 죽을 쑬 때 1/3씩 나눠 부어가며 풀어준다. 죽은 완전히 식혀야 한다. 찬물에 넣어 강제로 식히는 것보다는 실온에서 서서히 식히는 게 좋다. 혹시라도 설익은 가루가 있다면 여열로 충분히 익을 수 있고 전분입자의 수분도 지킬 수 있다.

독에 넣어둔 밑술은 다음날 살펴보니 온도가 충분히 올라 술덧이 잘 삭아 있다. 아직 단맛이 전체적으로 강해 뚜껑을 살짝 열어주고 발효실의 온도를 낮춰준다.

밑술을 한 다음 3일째 덧술을 한다. 덧술하기 좋은 상태로 삭아 있는 밑술은 오래된 막걸리 맛이 느껴진다. 독 안에는 효모들이 활발하게 움직인 흔적이 보인다. 덧술한 술은 실내온도 15도 정도의 숙성실로 옮겨 익힌다.

벽향주

평양과 관서지방에서 이름을 떨친 명주

벽향주

【안. 우리나라의 벽향주(碧香酒)와 이름은 같지만 방법은 다르다.】찹쌀 1말을 맑고 깨끗하게 잘 일어 그중 9되는 독 안에 넣고 물에 담근다. 1되는 밥을 지어 흰 누룩가루 4냥을 섞고 용수를 써서 담근 쌀 안에 묻어서 밥알이 뜨면 건져낸다. 9되의 쌀로 지은 고두밥을 흰누룩가루 16냥과 섞되, 먼저 떠서 건져둔 밥을 독 바닥에 놓고 다음으로는 담근 쌀로 지은 밥을 독 안에 두고 원래 쌀뜨물 10근이나 20근을 넣고 독 아가리를 종이로 4~5겹 밀봉한다. 봄에는 며칠 만에, 날씨가 차면 한 달이면 익는다.《준생팔전》

碧香酒方

【案. 與我東碧香酒, 名同法異.】糯米一斗, 淘淋清淨, 內將九升浸甕內, 一升炊飯, 拌白麴末四兩, 用篘埋所浸米內, 候飯浮, 撈起. 烝九升米飯, 拌白麴末十六兩, 先將浮飯置甕底, 次以浸米飯置甕內, 以原淘米漿水十斤, 或二十斤, 以紙四五重密封甕口. 春數日, 如天寒一月熟.《遵生八牋》

벽향주는 명나라 문인들의 취미생활 서적인 고렴이 지은 《준생팔전》에 나오는 술로 평양 등 관서지방에서 명주로 자리잡았다. 이 술은 '푸르른 빛깔의 향기로운 술'이라는 이름으로 풀이되는데, 자연의 색과 향기, 풍광을 떠올리며 이름 지어진 술들을 많이 볼 수 있다. 이렇듯 다양한 이름을 가진 술을 빚어가다 보면 비슷한 재료로 각기 다른 방법을 택해 빚어진 술과 다양하고 창의적인 레시피에 시간 가는 줄 모르고 술을 빚게 된다.

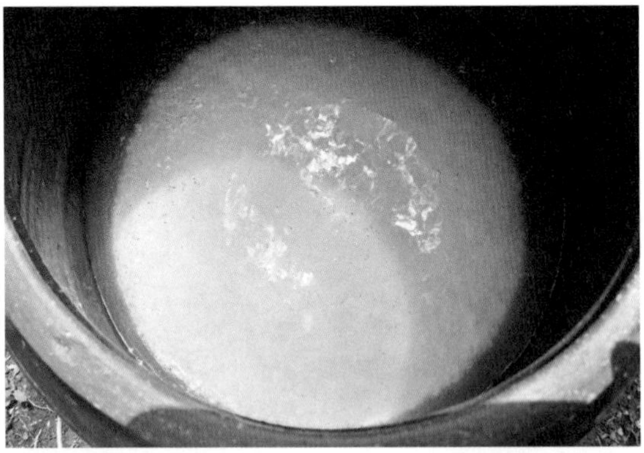

1

5

● 재료

찹쌀 8kg
흰누룩 500g
물 12L

● 술 빚는 법

1 찹쌀 7.2kg을 깨끗이 백세하여 독 안에 두고 물을 채운다.
2 찹쌀 800g을 백세한 뒤 밥을 지어 식힌다.
3 밥이 차게 식으면 누룩 100g과 함께 고루 치댄다.
4 1의 물을 가득 채워둔 독 안에 용수를 박고 누룩과 치댄 밥을 넣어준다.
5 밥이 깨끗해지면 건져내고 나머지 찹쌀은 헹궈 고두밥을 찐 뒤 차게 식힌다.
6 고두밥과 누룩 400g을 고루 치댄 뒤 항아리를 준비해 우선 쌀 800g을 치대기한 밥을 아래에 깔고 나머지 치대기한 고두밥을 올린 후 원래 쌀뜨물을 넣어준다.
7 항아리 입구를 종이로 두껍게 봉하여 두면 봄에는 며칠, 날이 찰 때는 한 달이면 익는다.

조선시대에는 찹쌀로 술을 담그는 경향이 두드러지고 중양법이 많아지면서 술이 고급화되기 시작했다.

쌀의 양을 나눠 시간차를 두고 술을 빚어 발효시키는 방법이 특이하고 독창적이다. 밑 화장을 잘하고 본 화장을 올리듯 섬세한 주조법이다. 나중에 쌀을 씻은 뜨물까지 넣어 발효를 돕는다. 쌀 씻은 물을 활용해 술의 발효를 촉진하고 풍미를 더하도록 돕는다. 담그는 법이 섬세한 만큼 술이 익어가면서 나는 향도 어머니 품처럼 따스하고 포근하다. 술을 빚으며 쌀과 누룩의 환경을 섬세하게 조절하면 부드러운 향을 만들 수 있다.

벽향주 담그는 방법은 여러 문헌에 나오는데 〈정조지〉에 나오는 대로 찹쌀만 쓴 것이 가장 맛이 좋다. 제법은 다양하지만 톡 쏘는 맛이 있으면서 푸른빛이 도는 벽향주는 경제적인 술이다. 기본을 바탕으로 최대한 술이 많이 나오게 고심한 방법이다.

Tip

효모의 특징

효모는 인간의 관점으로 환경이 열악할수록(산소가 없는 상태) 알코올을 내는 성향이 강하다. 산소가 없는 조건에서 생육하는 성질을 가진 생물들을 혐기성 생물이라고 하는데 혐기성 상태는 일정한 공간 혹은 물료에 산소가 차단된 경우를 말한다. 이때 효모는 산소가 있는 호기성 상태에서 진행하던 번식을 멈추고 대사 작용을 통해 알코올을 생산해 내기 시작한다. 이 과정에서 가스인 이산화탄소가 발생하며 열이 나는데 그 결과 독이 자연스럽게 뜨거워지고 독 안의 상태가 코를 톡 쏘는 것을 확인할 수 있다.

소국주

구전동화처럼 맛으로 이어진 술

소국주

민간의 방법 : 1말을 빚으려고 하면 먼저 끓는 물 3병을 식혀서 동이에 담는다. 좋은 누룩가루 5홉, 밀가루 5홉을 담그고 하룻밤 묵힌다. 다음날 곱게 정미한 흰쌀 5되를 물에 담갔다가 걸러내서 가루 낸 뒤, 시루에 얹어 쪄 익혀서 건져내 쓴다. 담가두었던 누룩과 밀가루를 동이 안에서 손으로 오랫동안 주물러 씻어 거친 찌끼를 버린다. 또 고운 찌끼도 체로 쳐내고 앞에서 쪄놓은 쌀가루를 누룩 물 안에 넣고 다시 손으로 주물러 작은 알갱이도 없게 한다. 그런 후에 식으면 독에 넣는다. 이레가 지나면 따로 곱게 정미한 흰쌀 5되를 백번 씻어 푹 찐 뒤, 뜨거운 채로 앞의 독 안에 넣고 조심스럽게 손으로 고루 섞어 서늘한 곳에 둔다. 또 이레가 지난 뒤에 열어보아 독 안에 거품이 떠다니면 깨끗한 마른 수건으로 닦아내고 거품이 없어야 그친다. 2월 초에 빚으면 3월 보름이 지나야 익고 5월이 되면 맛이 변한다. 대개 이 술은 처음부터 끝까지 따뜻한 곳을 피하고 또 볕이 드는 곳을 피한다. 봄에 빚는 술맛으로는 이것보다 나은 것이 없다.《증보산림경제》

少麴酒方

俗法 : 欲釀一斗, 則先用沸湯三瓶, 停冷盛盆. 浸好麴末五合、麰麪五合, 經宿. 翌日, 取精鑿白米五升, 浸水漉出作末, 下甑烝熟, 取出聽用. 乃就浸麴麪, 盆中用手揉洗良久, 去麤滓. 又篩去細滓, 將前烝米末, 投麴水中, 更以手揉之, 令無少核. 然後, 候冷納甕. 過七日, 另用精鑿白米五升, 百洗烝爛, 乘熱納前甕中, 愼手攪均, 置冷處. 又過七日後開見, 甕內有浮漚痕, 用乾淨巾拭去之, 直至無痕, 乃止. 二月初釀之, 三月望後方熟, 至五月則味變矣. 蓋此酒終始忌暖處, 亦忌日照處. 春酒之味, 無過於此者矣.《增補山林經濟》

이번 소국주는 속법으로 분류된 《증보산림경제》의 내용을 택했다. 방법은 간결하지만 어느 것 하나 부족한 점이 없다. '속법'은 말 그대로 입에서 입으로 전해져 온 방법이 전수되어 자리매김한 술이라서 더 의미가 있다. 수곡된 물을 사용하고 백설기를 활용해 술을 빚고 거기에 고두밥을 덧대어 완성시키는 술이다. '봄 술 중 으뜸'이라는 표현을 쓴 만큼 맛과 향이 뛰어난 술이다.

◇

밑술

4

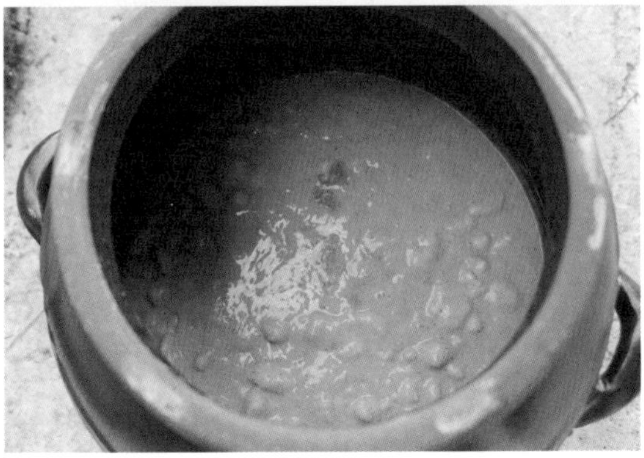
7

● 재료

끓여서 식힌 물 5.4L
누룩가루 300g
밀가루 300g
멥쌀 4kg

● 밑술 빚는 법

1 물 5.4L를 끓인 후 차게 식힌다.
2 식힌 물에 누룩가루와 밀가루를 함께 넣어 하룻밤 동안 담가 둔다.
3 멥쌀은 백세하여 하룻밤 불린 후 곱게 빻아준다.
4 찜기를 이용해 설기떡을 만든다.
5 1, 2를 통해 준비한 누룩물을 체에 걸러 찌꺼기를 없앤다.
6 떡이 식으면 누룩물에 넣고 덩어리가 없게 손으로 고루 주물러 준다.
7 식으면 항아리에 담아 익히는데 1주일이 걸린다.

◇

덧술

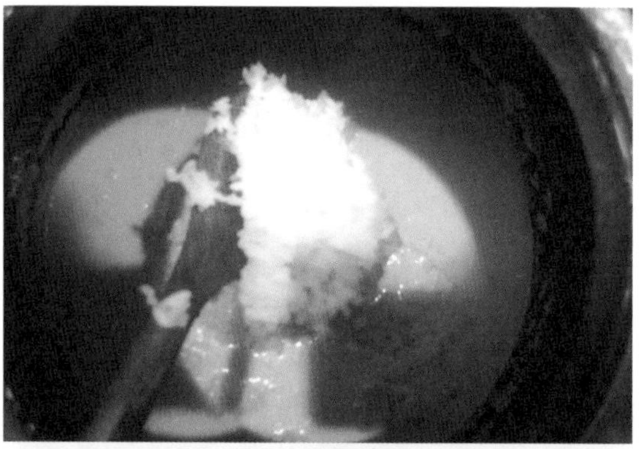

4

6

● **재료**

멥쌀 4kg

● **덧술 빚는 법**

1 1주일 후 밑술의 상태를 확인한다.

2 멥쌀 5되를 깨끗이 씻어 하룻밤 불린다.

3 불려둔 멥쌀을 찜솥을 이용해 고두밥으로 만든다.

4 멥쌀이 식기 전에 항아리에 넣고 고루 섞은 후 서늘한 곳으로 옮긴다.

5 1주일 후 항아리를 열어 술이 괸 자국을 깨끗이 닦아준다.

6 한 달 반 뒤에 술이 익으면 걸러서 쓴다.

7 술을 발효시키는 동안 항상 서늘한 곳에 둔다.

소국주는 봄에 빚어 먹는 술이다. 더운 곳과 햇볕이 드는 곳을 피해야 한다. 기온이 올라가면서 술이 쉬 시어질 수 있다. 누룩의 양을 적게 해서 담궜다는 의미로 대개 누룩을 많이 넣은 술은 빛깔이 검다. 소국주는 누룩이 적게 들어가 술 빛이 맑고 청아하다.

누룩과 밀가루로 수곡한 물을 사용하고 백설기를 활용해 술을 빚은 후 고두밥을 더해 빚은 술이다. 수곡할 때 물이 너무 많이 들어가면 오염될 수 있다. 당화가 잘 되도록 덩어리가 없게 잘 주물러 주어야 한다. 산막효모가 끼지 않도록 입구를 막아 혐기 조건을 만든다.

1주일 후에 밑술을 열어보면 구수하면서 청량하고 상큼한 향이 올라온다. 백설기로 술밑을 만들면 당화가 잘 일어나 효소의 활동이 활발해져 덧술을 했을 때 산막효모가 잘 생기지 않게 한다.

멥쌀밥이 식기 전에 독 안에 넣어 효모균의 활동을 활발하게 해준다. 충분히 고루 섞어야 당화 속도가 빨라진다. 이때 벌써 알코올기가 강하게 느껴지면서 열대과일의 시고 단 향이 올라온다. 서늘한 곳에서 천천히 익게 한다.

입안에 침이 고이게 하는 술은 입맛을 돋구어 주어 식전주로 활용해 볼 만하다. 취하기 위해 마시는 술보다는 음식의 소화를 돕고 입맛을 정리하는 용도로 곁들이면 좋을 듯하다.

부의주

동동주의 본 이름, 단양주의 선두 주자

부의주

찹쌀 1말로 고두밥을 지어 그릇에 담아 식힌다. 물 3병을 끓여 식힌다. 누룩가루 1되를 먼저 물에 타고 다시 밥과 고루 섞어 독에 넣고 사흘 밤을 묵어야 익는다. 맑게 가라앉힌 후에 '재강 밥알[酒醅]'을 조금 띄워 쓰는데 그 모양이 마치 개미가 떠다니는 것과 같고 맛이 달고 독하며 여름날에 딱 맞다.【산림경제보 누룩가루를 하루 먼저 물에 담갔다가 체로 쳐서 쓰면 맛이 뛰어나다.○《고사촬요》】

浮蟻酒方

粘米一斗, 烝飯盛器冷之. 水三瓶, 沸湯冷之. 以麴末一升, 先調於水, 更與飯拌均入甕, 經三宿乃熟. 澄清後, 以酒醅少許, 浮而用之, 其形如浮蟻, 味甘而烈, 正合於夏日.【(山林經濟補)麴末先一日浸水, 篩下用之妙.○《攷事撮要》】

이번 술은 동동주라는 이름으로 더 친숙한 부의주를 빚어 보려고 한다. 식혜처럼 발효 과정에서 전분은 빠지고 허물같은 쌀알만 떠 있는 모양을 보고 이름을 지었다. 대표적인 단양주로 한 번 빚어서 완성되는 술이다. 빠르게 완성되는 술이니 만큼 여름에 빚어 먹는 경우가 많으나 날이 차가울 때에도 천천히 익혀 마시면 달고 독한 맛이 매력 넘치는 술이다.

● 재료

찹쌀 8kg
누룩가루 600g
끓여 식힌 물 5.4L

3

4

6

● 술 빚는 법

1 찹쌀 8kg을 깨끗이 백세하고 하룻밤 물에 담가 불린다.
2 다음날 흐르는 물에 헹군 후 체에 밭쳐 물기를 뺀다.
3 팔팔 끓여 차게 식힌 물에 누룩가루를 넣고 풀어준다.
4 불린 쌀을 찜기에 올리고 고두밥이 고루 익도록 잘 쪄준다.
5 고두밥이 차게 식으면 누룩 풀어놓은 물과 함께 치댄다.
6 시간을 두고 천천히 고루 치댄 후 항아리에 두어 익히는데 3일밤이면 익는다고 하였다.
(실제로 술이 익는 시간은 3주 가량 걸린다)

부의주는 동동주라는 이름으로 우리에게 친숙한 술이다. 식혜처럼 발효 과정에서 전분은 빠지고 허물같이 남은 쌀알이 개미가 떠 있는 모양을 본떠 이름을 지었다. 대표적인 단양주로 주로 여름에 빚어 먹지만 추운 겨울에 빚어 천천히 익혀 마셔도 톡 쏘는 청량감이 매력적인 술이다.

이번에는 송학곡자를 써서 술을 빚어 보았다. 보통 직접 빚은 누룩에 남원누룩, 산성누룩, 진구곡자, 상주곡자도 구입해서 섞어 쓴다. 술을 빚을 때는 직접 누룩을 만들어 보는 게 좋다. 발효 여건을 일정하게 맞추기 힘들면 시중의 누룩을 쓰는 것도 방법이다.

부의주를 만드는 중간에 확인해서 품온이 높으면 향을 맡아보고 수위를 봐서 뚜껑을 열어 조절해준다. 향이 이양주보다 풍부하지 않으면 기다렸다 다음날 온도를 낮춰 냉각시킨 뒤 숙성시킨다.

날이 추워지면서 술도 천천히 익어 한 달 뒤 맛을 보았다. 천천히 익어 술덧의 표면은 안정적이고 가장자리에서 술이 차 올라온다. 차분하면서 산뜻하게 톡 쏘는 청량감이 일품이다.

Tip

술을 한 번에 빚어 완성시키는 술을 단양주라 하고 덧술을 하여
두 번에 걸쳐 술을 완성시키면 이양주라 한다. 여기에 더하여 빚느냐에 따라
삼양주, 사양주와 같은 술이 된다.

福

동정춘

쌀의 달콤함이 응축된 맛

동정춘

흰쌀 1되를 가루 내어 구멍떡 3개를 만들고 물 1주발로 삶아서 식힌다. 누룩가루 1되와 고루 섞어 떡 삶은 물과 같이 항아리에 담아 굳게 아가리를 봉한다. 4일 뒤에 찹쌀 1말을 쪄 익혀서 내놓고 식힌다. 앞에서 빚어놓은 밑술과 합쳐서 독에 담아 익으면 술주자에 얹는다. 맹물과 쇠그릇은 절대로 피한다.《삼산방》

洞庭春方

白米一升, 作末, 造孔餠三介, 以水一鉢烹之, 待冷. 以麴末一升, 拌均, 同烹餠水盛缸, 堅封口. 四日後, 粘米一斗, 烝熟放冷. 合前釀, 盛甕待熟, 上槽. 切忌客水及鐵器.《三山方》

동정춘은 《임원경제지》 〈정조지〉 외에 다른 문헌들도 꼼꼼하게 한 번 더 살펴보게 만든 술이다.

개떡을 만들어 빚는 술인데 〈정조지〉 를 보면 삶는다고 나오고 다른 술 복원 책들을 보면 찐다고도 나오기 때문이다. 삶고 찌는 것에는 우선 물이 개떡에 스며드는 양에서 차이가 나므로 한자로 된 문헌을 찾아봐야 했다. 문헌 속 한자들을 하나하나 보며 부족한 한자공부도 함께해 나가는데 '삶는다'는 뜻을 가진 한자가 눈에 띄었다. 동정춘은 삶은 떡을 쓰는 것이다.

◇

밑술

2

3

● 재료

멥쌀 800g
구멍떡 익반죽 물 360mL
구멍떡 삶는 물 700mL(+700mL)
누룩 500g

● 밑술 빚는 법

1 멥쌀을 깨끗이 씻어 물에 불려 하룻밤을 보낸다.
2 흐르는 물에 헹군 뒤 물기를 빼고 곱게 가루를 낸다.
3 익반죽할 물을 준비해두고 쌀가루에 끼얹어 가면서 잘 반죽한 뒤 세 덩이로 나눈다.
4 구멍떡 모양으로 빚은 뒤에 냄비에 삶아서 떠오르면 건진다. 삶은 물과 같이 풀어준다.
5 식고 나면 누룩과 고루 치댄 뒤 항아리에 넣어 4일간 익힌다.

◇

덧술

2

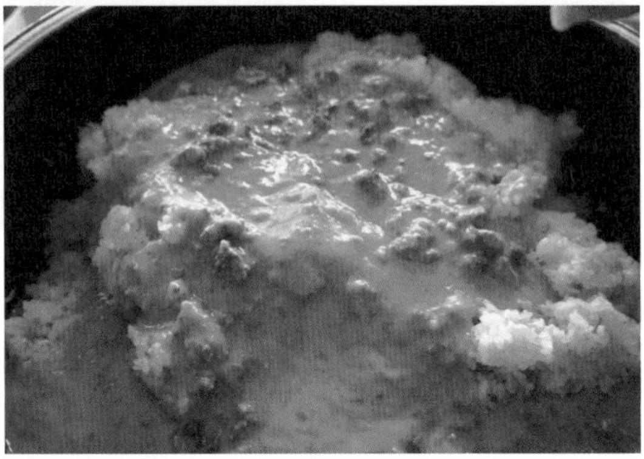

3

● 재료

찹쌀 8kg

● 덧술 빚는 법

1 찹쌀 한 말을 백세한 뒤에 하룻밤 물에 담궈둔다.

2 찹쌀을 흐르는 물에 깨끗이 헹구고 물기를 뺀 뒤 시루에 쪄서 고두밥을 만든다.

3 고두밥이 다 되면 펼쳐 식힌 뒤 자배기에 옮겨 밑술과 함께 치댄다.

4 술을 빚는 과정에서 불필요한 물(수돗물 등)이 들어가지 않도록 주의하고 쇠그릇도 피한다.

5 고두밥 치대기가 끝나면 항아리에 옮겨 익힌다.

동정춘은 구멍떡을 만들어 빚는 방법이다. 구멍떡을 삶아 술을 빚으면 만드는 과정은 힘이 들지만 알코올 조절이 용이하고 향기도 빼어난 술이 된다.
구멍떡을 만들 때 익반죽해 찰기가 생기게 한다. 끓는 물에 하나씩 넣어 붙지 않게 저어주고 떡이 떠오르면 꺼낸다. 자배기 안에서 하나씩 풀어 식힌 후 누룩과 잘 섞어준다. 구멍떡은 죽에 비해 누룩과 잘 섞이게 치대는 과정에서 힘이 든다.
찹쌀 고두밥으로 덧술할 때 불필요한 물이 들어가지 않게 주의해야 하고 쇠그릇도 피하라고 나와있다. 쇠그릇은 철분 성분 때문에 술의 맛을 변질시키기 쉽다.
며칠 후 확인해 보니 농도가 있어 기포가 용암처럼 간헐적으로 올라왔다. 덧술할 때 보니 역시 달고나처럼 농축된 진한 꿀 향이 올라온다. 치대기를 해보면 손에 쩍쩍 달라붙는다. 쌀의 단맛만을 모아 놓은 농축액이다. 구멍떡으로 빚은 술은 물을 부어 희석해도 맛이 좋은 이유다. 눅진하고 끈끈해서 이에 들러붙을 듯한 진한 단맛이 인상적이다.

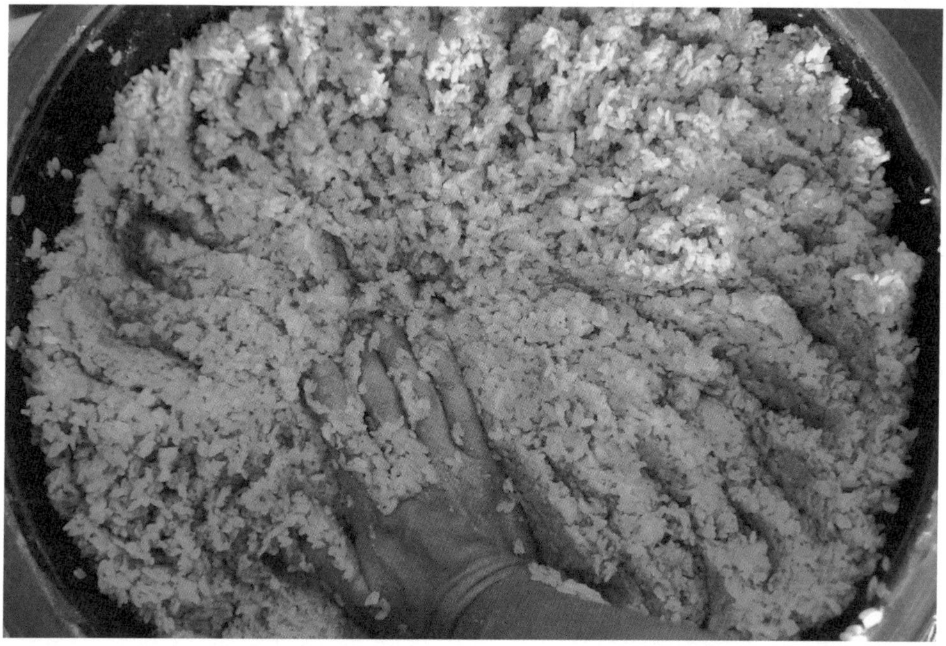

경액춘

옥빛의 진하고 차진 술

경액춘

흰쌀[白粲] 5말을 사흘간 물에 담갔다가 곱게 가루 내어 푹 찐다. 끓는 물 7말과 섞어 식힌다. 누룩가루 7되, 밀가루 3되를 섞어 빚어 익힌다. 흰쌀 10말을 푹 쪄 끓인 물 8말, 누룩가루 5되를 앞의 밑술[醅]과 섞어 빚는다. 《삼산방》

瓊液春方

白粲五斗, 浸水三日, 細末, 熟烝. 沸湯七斗和之, 待冷. 麴屑七升、麳麪三升, 交釀待熟. 白米十斗, 爛烝, 熟水八斗、麴屑五升, 交釀前醅. 《三山方》

경액춘을 빚기 위해 재료의 총량을 계산해 보니 멥쌀 15말, 물 15말, 누룩과 밀가루 각각 12되와 3되 총 15되였다. 한 말 독 기준으로 술을 만들 예정이니 1/15로 양을 정하면 멥쌀 1말, 물 1말, 누룩과 밀가루 합해 1되가 되었다. 경액춘의 이름을 풀이해 보면 '색이 옥빛을 띠면서 진하디 진한 술'로 해석이 된다. 실제로 밑술을 빚다 보면 그 표면이 기름을 바른 듯 윤택한 찰기가 흘러넘친다.

◇

밑술

2

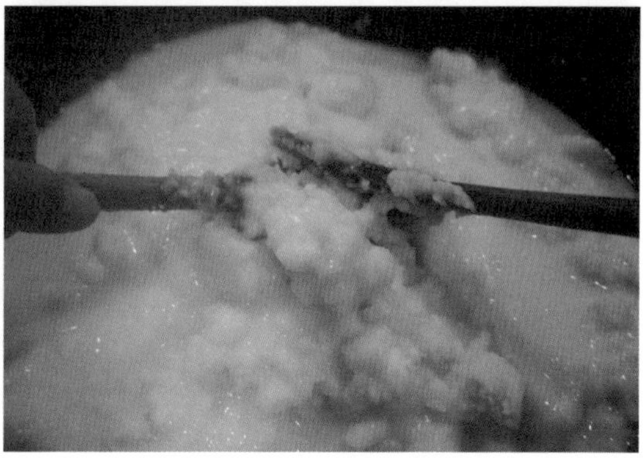

4

● **재료**

멥쌀 2.7kg
끓는 물 8.4L
누룩 300g
밀가루 120g

● **밑술 빚는 법**

1 멥쌀을 깨끗이 백세하여 3일간 물에 담가둔다.
2 3일 뒤 흐르는 물에 쌀을 오래 씻어주고 물기를 뺀 뒤 곱게 가루 낸다.
3 가루를 시루에 올려 떡을 찌는데 푹 쪄준다.
4 다 되면 자배기에 옮기고 바로 끓는 물을 끼얹어 가며 떡을 고루 풀어준다.
5 차게 식으면 준비된 누룩과 밀가루를 넣어 치댄 후 항아리에 넣어 익힌다.

◇

덧술

2

3

● 재료

멥쌀 5.3kg
용수 9.6 L
누룩 210g

● 덧술 빚는 법

1 멥쌀을 백세하여 하룻밤 물에 잠기게 둔다.
2 다음날 쌀을 헹궈 건진 뒤 찜기에 올려 푹 찐다.
3 고두밥이 식으면 끓여 식힌 물과 분량의 누룩 그리고 밑술을 함께 치댄다.
4 고루 치대어지면 항아리에 넣어 익혀 쓴다.

옥구슬 같이 맑고 진한 경액춘은 빚는 방법이 다른 술과 다르다. 이런 귀한 이름을 붙이기 위해서는 정성이 많이 들어가야 하고 발효에 각별히 신경을 써야 한다. 발효가 잘되야 술이 옥구슬처럼 맑고 푸르며 과일 향이 올라올 거라 기대했다.

경액춘은 빚는 법이 2번에 걸쳐 누룩을 섞어준다. 쌀가루와 밀가루를 바탕으로 누룩과 버무려 1차 밑술을 만들어 발효시킨다. 2차로 찐 쌀과 물, 누룩가루로 2차 덧술을 한다. 쌀범벅에 밀가루를 넣어 글루텐 함량을 높여 알코올 성분이 더 잘 발생할 수 있게 도왔다. 또다시 2차로 찐 쌀로 덧술을 해서 충분하게 당분이 보충되도록 했다. 경액춘은 이중 삼중으로 발효가 잘되도록 안전장치를 해둔 과학적인 술이라는 생각이 든다.

이처럼 섬세하게 나눠 빚는 술은 밑술의 발효가 중요하다. 밑술을 만들 때 찹쌀을 사흘간 침지시키는 것도 쌀을 미리 잘 삭도록 수분 침투율을 높이기 위해서다. 단맛을 포함한 술의 풍미와 방향성을 높이기 위해 재료를 다루는 법부터 다르다. 4~5일 정도 지나면 기포가 균일하게 올라오면서 표면의 색이 진해지고 물기도 돈다. 밑술이 잘 숙성된 것이다. 고두밥을 만들어 치대서 천천히 발효가 진행되도록 돕는다. 경액춘은 정교한 술 빚기 방법을 썼다. 밑술과 덧술에 누룩을 조금 넣은 것도 백찬과 내면을 쓴 것도 술 빛을 맑게 하고 발효를 천천히 시켜 숙성된 풍미를 이끌어 내기 위한 장치다.

완성된 경액춘에서는 예상했던 대로 잘 익은 모과 향이 난다. 과일 향과 함께 술 빛도 맑고 투명해 한참을 들여다보게 만든다. 구슬이나 아름다운 눈동자처럼 순수한 정수가 그대로 술 속에 녹아 있다. 입안에 머금어 보면 이 술에 왜 이런 이름이 붙었는지 이해하게 된다.

죽엽춘

대숲에 부는 바람을 담은 술

죽엽춘

흰쌀 1말을 곱게 가루 내어 떡을 만들어 푹 찐다. 누룩가루 1.5되와 끓는 물 3병을 넣고 섞어 빚어서 익힌다. 흰쌀 5말을 곱게 가루 내어 푹 쪄 섞어서 넣고 두꺼운 종이로 아가리를 봉하여 김이 새지 않도록 한다. 네 이레가 되면 위의 맑은 것을 한 그릇에 긷고 가운데 맑은 것을 또 한 그릇에 긷는다. 아래의 찌끼는 이화주(梨花酒)처럼 물을 타서 마시면 향기롭고 맛이 좋다. 이 술은 비록 오래되어도 맛이 변치 않고 빛깔이 항상 댓잎[竹葉]과 같다. 《삼산방》

竹葉春方

白米一斗, 細末, 作餠熟烝. 以麴末一升五合、湯水三甁, 和釀待熟. 白米五斗, 細末熟烝, 和納, 厚紙封口, 使不泄氣. 四七日, 上淸汲一器, 中淸又汲一器. 下滓如梨花酒, 和水飮之, 香美. 此酒雖久, 味不變, 色常如竹葉. 《三山方》

죽엽춘은 향양류('향양'은 꽃잎 및 일체의 향료를 빌어 빚는 것) 편의 죽엽청과는 달리 직접 대나무 잎이 들어가지 않는 술이다. 하지만 이 술에 죽엽이라는 이름이 붙은 이유는 빚어놓은 술의 빛깔을 보면 댓잎과 같은 색이 나기 때문이다. 이화주처럼 찌꺼기까지 물을 타 마시면 향기롭고 맛이 좋다는 기록을 보고 관심이 갔다.

* 문헌의 술 재료 양의 10분의 1로 계량을 한 후 술을 빚었다. 양을 적게 하였기에 본래의 양을 가지고 술을 만들었을 때보다 잘 안될 가능성이 있어 물과 누룩의 양을 조금씩 늘렸다.

◇

밑술

3

5

● 재료

멥쌀 800g
누룩가루 150g(+150g)
끓는 물 540mL(+700mL)

● 밑술 빚는 법

1 멥쌀을 백세한 후 물에 잠기게 두고 하룻밤 둔다.
2 다음날 멥쌀을 헹궈 물기를 빼고 곱게 가루를 낸다.
3 찜 솥을 준비해 떡을 찌는데 오래 푹 찌고 자배기에 옮긴다.
4 탕수를 준비해 두었다 바로 붓고 주걱으로 떡을 풀어준 후 차게 식힌다.
5 누룩가루와 함께 치대기를 하고 항아리에 두어 익힌다.

◇

덧술

4

5

● 재료

멥쌀 4kg

● 덧술 빚는 법

1 멥쌀을 백세하고 물에 담가 하룻밤 둔다.

2 다음날 쌀을 흐르는 물에 헹구고 체로 물기를 뺀 후 곱게 가루 낸다.

3 시루에 올려 떡을 찌는데 약한 불에 오래 찌면서 무른 떡을 만든다.

4 떡이 다 되면 자배기에 옮겨 차게 식힌다.

5 밑술과 함께 치댄 후 항아리에 넣고 두꺼운 종이로 항아리 입구를 막고 28일간 익힌다.

죽엽춘은 직접적으로 댓잎을 넣지 않았어도 발효 향이 향기롭고 댓잎의 빛깔이 난다. 죽엽춘은 한 번 발효된 밑술에 쌀범벅을 더해 요구르트 같이 되게 발효시킨 술인데, 이렇게 발효시키면 술을 떠 마신 후 남는 찌꺼기에도 주정 성분이 많이 남아 있어 먹기에 거부감이 없다.
물 양이 적기 때문에 범벅을 만들 때 뜸을 충분히 들여야 한다. 되직하면서 천천히 발효된 술은 효모가 충분히 활동을 해 나중에 술 빛이 황금빛 혹은 녹색을 띤 상품이 된다. 호화가 잘 된 범벅은 잘 풀려 발효를 돕는다. 범벅을 식힐 때도 고르게 식히도록 주의한다. 온도 편차가 심하면 유해균이 증식할 수도 있다.
맑은 술은 용수를 박아 떠낸 후 술과 찌꺼기를 떠서 먹어 보았다. 술은 입술에 닿자 싸르르한 게 도수가 15도 정도 되는 것 같다. 빛깔도 살짝 진한 빛이 느껴진다. 찌꺼기는 물을 조금 희석해서 먹어도 맛이 달고 부드럽다.
술은 물론 찌꺼기까지 먹을 수 있어 술의 영양 성분을 모두 취할 수 있다. 찌꺼기는 효모가 살아 있어 정장 작용을 하며 피부의 각질을 제거해주는 효과도 있다. 피부미인을 위한 떠먹는 미용식품인 셈이다.

Tip

설기떡을 이용한 술 빚기를 할 때에는 평소 떡을 할 때보다 넉넉하게 뜸을 들여 떡을 푹 쪄내는 것이 중요하다.

인유향

술에서 나는 향만으로 감동과 전율을 줄 수 있다면

인유향

흰쌀 2말을 곱게 가루 내어 끓는 물 20주발을 섞어 죽을 쑨다. 누룩가루 2되, 밀가루 1되를 섞어 빚는데, 겨울에는 닷새, 여름에는 사흘을 둔다. 흰쌀 5말에 물 1주발을 뿌려 푹 쪄서 익힌다. 물 8주발, 누룩가루 2되를 앞의 밑술과 아울러 빚으면 향기가 보통과 다르다. 《삼산방》

麟乳香方

白米二斗, 細末, 湯水二十鉢, 和作粥. 麴末二升、麩麪一升, 和釀, 冬五日, 夏三日. 白米五斗, 洒水一鉢, 爛烝熟. 水八鉢、麴末二升, 竝釀前醅, 則香異常. 《三山方》

인유향은 인상적인 술이다. 〈정조지〉 술 편의 총론에 "술은 젖과 같다"고 하였는데, 기린의 젖과 같은 술의 향은 어떨지 상상력을 자극한다. 술 방문 말미에 "향기가 보통과 다르다"라고 적었는데 술을 빚은 장본인이 범상치 않은 술 향기를 기린의 젖에 비유해서 설명하지 않았을까 하는 추측을 해본다.

* 술 방문의 분량을 한 말 독의 양으로 계량하여 술을 빚었다.

◇

밑술

3

4

● 재료

멥쌀 2.1kg
탕수 8L
누룩 250g
밀가루 125g

● 밑술 빚는 법

1 멥쌀을 백세하여 하룻밤 불린 뒤 흐르는 물에 헹궈 물기를 뺀다.

2 곱게 가루 내어 끓는 물 8L를 섞어 죽을 쑨다.

3 죽이 식기를 기다렸다가 준비된 분량의 누룩과 밀가루를 섞어준다.

4 고루 섞어 치댄 후 항아리에 넣는데 겨울에는 5일, 여름에는 3일을 둔다.

◇

덧술

3

● **재료**

멥쌀 5.2kg
끼얹는 물 400mL
용수 3.2L
누룩 250g

● **덧술 빚는 법**

1 멥쌀을 깨끗이 백세한 후 하룻밤 물에 불린다.

2 다음날 쌀을 헹구고 물기를 뺀 뒤 고두밥을 짓는다. 뜸들일 때 물 400mL를 끼얹는다.

3 고두밥을 식히고 난 후 준비된 용수와 누룩 그리고 밑술을 함께 치댄다.

4 항아리에 물료들을 입항한 후 숙성시킨다.

인유향의 인유는 기린 젖을 말한다. 〈정조지〉의 술 총론에서 "술은 젖과 같다"고 했는데 술의 빛깔뿐만 아니라 곡물의 즙이라는 정수를 취한 상태를 빗댄 듯하다. 여기서 말하는 기린은 실제 기린을 말하는 게 아니다. 실제 기린이 젖을 먹이는 포유동물이긴 하지만 동양의 기린은 상상 속의 동물이다. 용, 거북, 봉황과 함께 신령한 동물로 여겨졌다. 기린은 성군이 나라를 잘 다스려 태평성대를 구가할 때 나타나는 길한 동물이었다.

중국 명나라 영락제 때 환관 정화가 동아프리카를 다녀와 기린을 바치며 임금의 성덕을 칭송했다.

기린은 사슴과 소가 교미해 뿔이 있고 몸에서는 황금빛 광채가 나며 목이 길지 않다. 용과 달리 불을 뿜지 않고 뿔을 가졌으나 공격성을 띄지도 않는다. 성품이 온화해 유교에서는 기린을 공자에 빗대기도 한다.

기린의 모습은 일본 맥주 상표로 유명한 기린맥주에서 볼 수 있다. 조선시대 왕족 관복의 흉배 문양에도 자수로 표현되어 있다. 이런 이력을 가진 기린의 젖 향이라니 마시면 복과 함께 먹는 사람도 온화한 기운을 취할 수 있을 것이다.

죽으로 빚은 술이라 향이 강하지 않고 은은하다. 술 윗부분에 거품도 미세하다. 잘된 밑술로 빚은 인유향은 매화꽃 같은 신비로운 향이 난다. 조금 더 시간을 두어 숙성시켰더니 향이 더 농후해졌다. 아기 옷에서 나는 부드러운 단내가 올라왔다. 맛이 부드럽고 싱겁지만 은은한 향은 오래 남는다. 밀가루가 들어가 그런지 바이스비어의 밀맥 특유의 맛이 나기도 한다.

Tip

고두밥을 지으며 뜸을 들이는 과정에서 찬물을 끼얹어주는 것을 '살수'라고 하는데 살수를 통해 찜기의 수증기를 고루 퍼트려 고두밥을 잘 쪄지게 하고 더불어 찬물로 인해 고두밥 표면을 순간적으로 단단하게 해주어 최종적으로 맑은 술을 얻을 수 있게 한다.

석탄향

어려운 환경 속에서 피어난 아름다운 꽃

석탄향

흰쌀 2말을 곱게 가루 내어 물 1말로 죽을 쑨다. 누룩가루 1되를 섞어 빚는데, 겨울에는 이레, 봄가을에는 닷새, 여름에는 사흘을 둔다. 찹쌀 1말을 푹 쪄서 앞의 밑술과 섞어 빚는다. 이레가 되면 단맛과 쓴맛이 함께 갖추어져서 입안에 머금으면 차마 삼킬 수 없다. 《삼산방》

惜呑香方

白米二斗, 細末, 水一斗, 作粥. 麴末一升, 和釀, 冬七日, 春秋五日, 夏三日. 粘米一斗, 爛烝, 交釀. 七日, 甘苦備俱, 含口不忍呑.《三山方》

옛사람들은 맛있는 음식이나 술은 한번에 들이키거나 삼키지 않고 입에 머금고 음미했다. 석탄병처럼 이 술도 '아까울 석(惜)', '삼킬 탄(呑)'에 '향기 향(香)'을 써서 그 뜻을 풀어보면 삼키기에 아까운 술이라는 뜻인데 이름 때문인지 더욱 기대가 되는 술이다.

* 반 말 독에 들어갈 양으로 재료를 계량하여 술을 빚었다.

◇

밑술

3

4

● 재료

멥쌀 4kg
물 4.5L
누룩가루 200g

● 밑술 빚는 법

1 멥쌀 4kg을 백세한 후 하룻밤 물에 침지한다.
2 다음날 쌀을 헹궈 물기를 빼고 가루로 곱게 빻는다.
3 솥에 쌀가루를 두고 물 4.5L를 이용해 죽을 쑨다.
4 죽이 차갑게 식으면 누룩가루 200g을 첨가해 함께 치댄다.
5 치대기를 마치고 항아리에 넣어 익히는데 겨울에 7일, 봄·가을에 5일, 여름에는 3일을 둔다.

◇

덧술

2

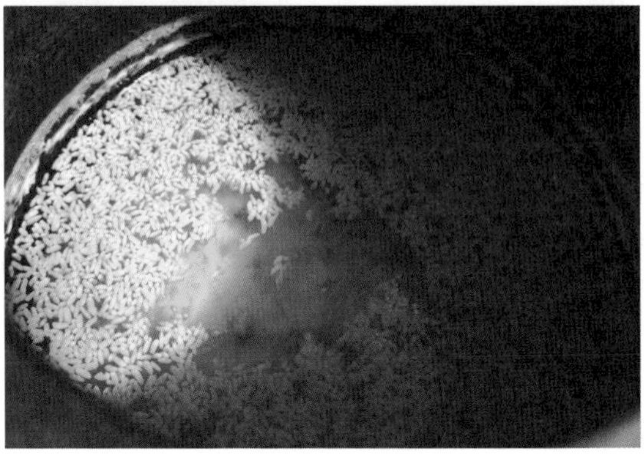

3

● **재료**

찹쌀 2kg

● **덧술 빚는 법**

1 찹쌀 2kg을 백세한 후 하룻밤 물에 불린다.

2 다음날 찹쌀을 깨끗이 헹군 후 물기를 빼고 고두밥을 짓는다.

3 고두밥이 차게 식으면 밑술과 함께 치대여 독에 넣어 익힌다.

석탄향은 주로 미각에 초점을 맞춰 빚은 술이다. 술에 쓴맛과 단맛이 조화롭게 있어 마지막 목구멍으로 술을 넘길 때까지 술을 머금고 싶게 만든다. 입안에 술을 머금으면 술을 벌컥벌컥 마시는 것과는 다르게 맛을 섬세하게 즐길 수 있다. 석탄향은 젊은이들에게 향음주례를 지도할 때도 좋은 사례가 된다.

쌀죽에 들어가는 물 양이 적어 눌지 않게 불 조절을 잘해 저어가며 끓인다. 쌀죽이 뻑뻑해 힘이 많이 들어가지만 진한 맛을 얻기 위해 필요한 과정이다.

밑술에서는 은은한 향이 올라오고 시고 달고 쌉쌀한 알코올 맛이 어우러져 있다. 찹쌀 고두밥을 더해 1주일 후 완성된 술을 맛보니 알코올기가 강하게 올라온다. 석탄향의 맛을 음미하기 위해 천천히 입에 머금어 보았다. 석탄향이라는 이름 때문인지 다들 재미있어 하며 시음에 적극적으로 참여한다. 역시 전통주는 단지 소비하기 위한 술이 아니라 음미하고 향유하는 음유의 시라는 생각이 든다.

Tip

다 완성된 술을 숙성시켜 마시는 것이 중요한데 술에 따라 차이가 있겠지만,
청주는 100일 가량 숙성시켜 마시면 더 균형감 있는 맛을 느낄 수 있다.

오호주

술 앞에서 한없이 겸손해지는 순간

오호주

흰쌀 1말을 백번 씻어 가루 낸 뒤 물 5병으로 풀을 쑤어 식힌다. 누룩가루와 밀가루 각 1.5되, 밑술 5홉과 잘 섞어 독에 넣는다. 다음날 또 찹쌀 1되를 찧어 가루 낸 뒤 풀을 쑤어 식힌다. 본래 빚어둔 밑술 안에 넣고 물료를 충분히 고루 저어주고 밀봉한다. 익으면 술주자에 얹는데 맛이 매우 달고 독하며 마시고 취해도 바로 깬다.《음선요람》

五壺酒方

白米一斗, 百洗作末, 以水五瓶, 煮糊待冷. 麴末 · 眞麪各一升半、腐本五合, 調和入甕. 次日, 又以粘米一升, 搗末打糊, 候冷. 入本釀酒中, 以物十分攪均, 密封. 待熟, 上槽, 味甚甘烈, 飮醉卽醒.《飮饍要覽》

오호주의 이름을 직역해 보면 '다섯 병의 물로 만든 술'이 된다. 술 이름과 마찬가지로 오호주를 빚을 때 물 5병과 가루 낸 멥쌀로 풀을 쑤는 과정이 나오는데 술 이름이 이보다 더 투박할 수는 없다. 또한 이 술은 "맛이 매우 달고 톡 쏘며 마시고 취해도 바로 깬다."고 하였는데 술의 도수는 그다지 높지 않고 맛 또한 달고 톡 쏜다고 하니 오호주를 마실 때에는 고급 안주보다는 투박한 밥상과 잘 어울릴 것 같다.

* 반 말 독에 들어갈 양으로 재료를 계량하여 술을 빚었다.

● 재료

멥쌀 4kg
물 4.5L
누룩 450g
밀가루 500g
밑술 450mL
찹쌀 400g
물 450mL

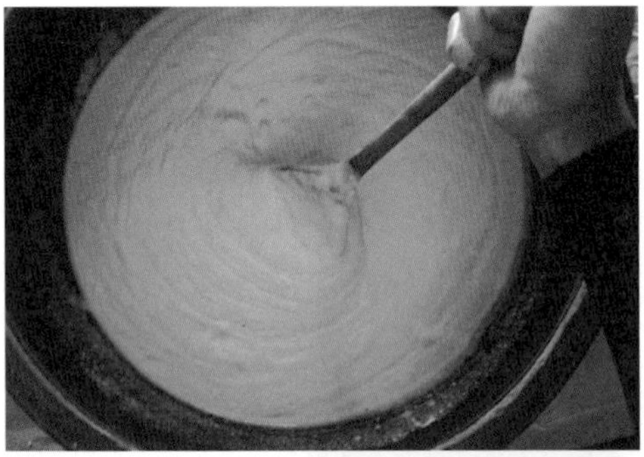
3

4

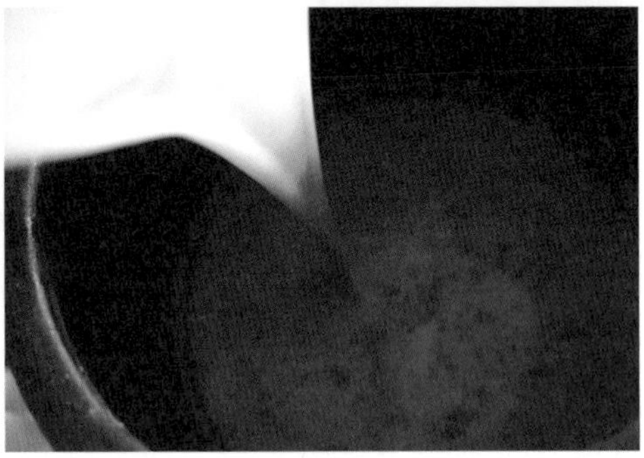
7

● 술 빚는 법

1 멥쌀 4kg을 백세한 뒤 하룻밤 물에 불려둔다.
2 다음날 흐르는 물에 쌀을 헹구고 물기를 빼 곱게 가루 낸다.
3 멥쌀과 물 4.5L를 잘 혼화한 뒤 풀을 쑤어 차게 식힌다.
4 누룩 450g, 밀가루 500g 그리고 밑술 450mL와 멥쌀풀을 함께 섞어 치대기 한다.
5 고루 치대기를 마치면 독에 두고 하루를 보낸다.
6 다음날 찹쌀 400g을 같은 방법으로 가루를 낸 뒤 분량의 물과 풀을 쑤어 식힌다.
7 빚어둔 술 안에 찹쌀풀을 넣고 물료를 주걱으로 충분히 저어준 후 밀봉하여 익힌다.

오호주는 호리병 다섯 개 분량의 물을 써서 빚는 소탈한 술이다. 조선시대 김득신의 〈부취도〉를 보면 대취해 어린 두 시종의 부축을 받는 양반이 그려져 있다. 16세기 중국 명나라 때 우구가 그린 〈취태백도〉에도 밖에서 술독과 호리병을 놓고 취해 앉아 있는 이태백의 모습이 보인다. 술은 마시면 사람의 체면을 내려 놓고 자유분방하게 해준다.

오호주는 격식 없이 편하게 취하고 부담없이 마실 수 있는 술이다. 마실 때 독하고 마시고 나면 빨리 깬다고 하니 경제적이고 이상적인 술이다.

오호주는 덧술하는 과정이 간결하다. 밑술의 효모가 활성화되도록 밑술을 담근 다음날 찹쌀풀을 소량 더해준다. 약식이라고 볼 수도 있다. 찹쌀풀을 더할 때 저어주면 공기가 들어가고 밀봉해 혐기성 조건을 만들어 준다. 번식한 효모 중에 강한 균이 알코올 생성을 활발하게 할 수 있도록 돕는다.

술은 효모균이 자연스럽게 발효를 통해 만들고 사람은 오래 술을 빚은 경험으로 적절한 시기에 도움을 주는 역할을 한다. 자동으로 술이 되는 과정 속에 통제와 관리를 통해 적절한 맛을 갖도록 연구한 결과이다. 오호주는 달고 독하지만 바로 술이 깨서 낮에 일이 힘들 때 농촌에서 일하다 마시면 적당할 것 같다.

하향주

그 여름, 연밭의 향기를 기억하나요?

하향주

흰쌀 1되를 가루 내어 구멍떡을 만들고 삶아서 익혀 식힌다. 누룩가루 5홉을 넣고 흔들어서 잘 섞어 빚는다. 사흘째 또 찹쌀 1말에 물을 뿌려 푹 쪄서 한참 동안 식힌 다음 본래 빚어둔 밑술과 잘 섞어 독에 넣는다. 맹물이 들어가지 않게 한다. 세이레가 지나야 익는다.《고사촬요》

荷香酒方

白米一升, 作末, 造孔餠, 烹熟待冷. 麴末五合, 抖擻調和釀之. 第三日, 又以粘米一斗, 灑水熟烝, 良久寒之, 與本釀調和, 入甕. 不使有客水之氣. 過三七日, 乃熟.《攷事撮要》

'연·연꽃 하(荷)' 자가 술 이름에 들어간 하향주는 실제로 연잎이나 연꽃을 넣어 만들지 않는다. 다만 잘 빚어진 술에서 연의 향이 난다고 해서 '연·연꽃의 향'이라는 이름이 붙여진 술이다. 시원하고 청아한 향이 술에서 난다고 하니 벌써부터 설렌다. 구멍떡으로 밑술을 빚고 찹쌀로 덧술을 하는 하향주는 봄에 빚어 한창 연들이 생동감을 찾는 여름에 마시면 좋겠다. 혹은 가을에 빚어 지나간 여름을 회상하며 마시는 것도 하나의 방법이다.

* 문헌 속 한 말 분량의 술을 반 말로 계산하여 술을 빚었다.

◇

밑술

3

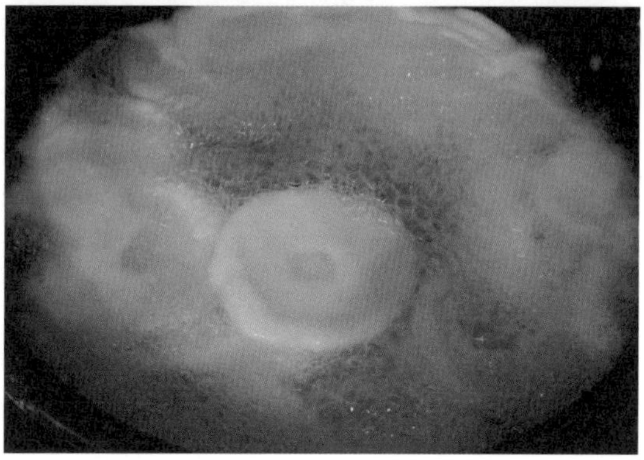
4

● 재료

멥쌀 400g
누룩가루 200g

● 밑술 빚는 법

1 멥쌀 400g을 백세한 뒤 하룻밤 물에 불려둔다.
2 다음날 흐르는 물에 쌀을 헹구고 물기를 빼 곱게 가루 낸다.
3 뜨거운 물을 가루에 끼얹어 가며 익반죽을 한 뒤 구멍떡을 만든다.
4 넉넉한 크기의 냄비에 물을 끓이고 구멍떡을 넣은 후 익어서 떠오르면 건진다.
5 뜨거울 때 바로 주걱을 이용해 구멍떡을 풀어준다.
6 풀어준 구멍떡이 차게 식으면 준비해둔 누룩가루 200g과 함께 고루 치댄다.
7 항아리에 넣고 따뜻한 곳에서 술을 익힌다. 3일 후 덧술을 하는데 겨울과 여름에는 날짜를 가감하여 발효시킨다.

◇

덧술

2

4

● **재료**

찹쌀 4kg

● **덧술 빚는 법**

1 찹쌀 4kg을 백세하여 하룻밤 물에 담가둔다.

2 다음날 헹군 후 건져내어 시루에 안쳐 고두밥을 짓는다.

3 고두밥을 지을 때 뜸들이는 과정에서 찬물을 뿌려가면서 익게 고두밥을 지어준다.

4 발에 널어 고두밥이 차게 식으면 밑술과 함께 고루 버무려준다.

5 술독에 넣어 익혀서 3주가 지나면 걸러 먹을 수 있다.

연꽃 향이 나는 술인 하향주는 빚는 법에 특징이 있다. 연꽃을 넣지 않고 연꽃 향을 내기 위해 밑술에 정성을 들였다. 구멍떡을 만들고 삶아 식힌 다음 누룩가루를 넣고 술을 빚는다. 구멍떡을 빚고 삶는 과정이 시간이 걸리고 풀어주는 데도 더 힘이 들지만 좋은 술 향을 얻기 위해 이 방법을 쓴다.

구멍떡으로 만들면 전분이 잘 호화되어 더 윤기가 나고 치대는 과정에서 공기가 들어가 효모가 발효하기 좋은 조건이 된다. 죽 형태보다는 수분량이 적어 술이 익는 데 시간이 걸릴 수 있다. 구멍떡을 잘 식히고 누룩과 잘 섞이게 풀어줘야 술이 시어지지 않는다.

밑술에 물이 적으면 더 들쩍지근한 냄새가 난다. 찹쌀로 고두밥을 지어 덧술을 하는데 날물이 들어가지 않도록 주의해야 한다. 순수하게 재료에서 나오는 수분만으로 숙성해야 깊은 맛과 향이 생긴다.

3주 정도 숙성시켜 먹으라고 했는데 숙성기간이 길수록 알코올 도수가 올라가고 술에서 단맛이 사라진다. 3주 후에 실제 걸러 보니 술에서 계피 향과 달고나 같은 단맛이 느껴진다. 하향주는 봄에 빚어두고 연방죽에 생동감이 넘치는 여름에 마시면 좋다. 가을에 빚었다가 연 향을 코끝에 느끼며 겨울에 마셔도 운치가 있다.

Tip

쌀의 가공 처리 방법에 따라 술이 빚어지는 형태가 다양한데
구멍떡을 이용한 술 또한 다양한 향과 맛을 낼 수 있다.

호산춘

여산의 맑은 물로 빚은 명주

호산춘

【여산(礪山)에서 난다. 여산은 호산(壺山)이라고도 한다.】 어느 달 초하루에 흰쌀 1.5말을 백번 씻어 곱게 가루 낸 뒤, 찬물 7되를 고루 섞는다. 다시 끓는 물 1.8말을 끼얹어 잘 저어주면 쌀가루가 끈끈해진다. 매우 차게 식혀서 누룩가루 2되, 밀가루 2되를 고루 섞어 독에 넣는다. 13일이 되면 또 흰쌀 2.5말을 백번 씻어 곱게 가루 낸 뒤, 넓은 그릇에 담는다. 끓는 물 2.5말을 고루 섞어 식힌 뒤, 누룩가루는 넣지 말고 앞의 밑술과 잘 섞어 두 번째 밑술을 만든다. 13일이 되면 흰쌀 5말을 백번 씻어 고두밥을 지어【다른 방법에는 가루 내어 쪄서 익힌다.】 끓는 물 5말을 붓고 섞어서 물이 완전히 스며들면 삿자리에 펴서 식힌다. 누룩가루 2되, 밀가루 1되를 넣고 앞의 두 번째 밑술과 고루 섞어 독에 넣는다. 차지도 않고 뜨겁지도 않은 곳에 두고 그 독을 내놓고 덮지 않으면 술맛이 변치 않는다. 2~3달 지나면 마실 만하다. 《산림경제보》

壺山春方

【出礪山. 礪山, 一名壺山.】某月初一日, 白米一斗五升, 百洗細末, 以冷水七升, 調均. 更以沸湯一斗八升, 沃灑攪調則米膠. 待其極冷, 麴末二升、麪麪二升, 拌均入甕. 至十三日, 又以白米二斗五升, 百洗細末, 盛廣器. 以熱水二斗五升, 拌均待冷, 勿入麴末, 與前本雜調, 爲二次酒本. 至十三日, 白米五斗, 百洗烝飯,【一法:作末烝熟.】入熱水五斗, 調極其透潤, 鋪諸簟席, 待冷. 入麴末二升、麪麪一升, 與二次前本, 調均入甕. 置不寒不熱處, 露其甕不覆, 則酒味不變. 過二三朔, 可飮.《山林經濟補》

요즘 옛 물건을 사러 여산에 자주 가는데 그 지역의 옛 이름이 호산이다.
그 지역의 이름을 따 빚은 술이 호산춘이며 '춘(春)'이라는 말은 방문에 보면 당대 술을 가리키는 말로 쓰였다. 현대에 와서는 맛이 아주 좋은 술을 '춘'이라 부르고, 단양주보다는 이양주, 삼양주에서 많다. 여산은 산세가 부드럽고 마을로 들어가 보면 평온한 느낌이 난다. 그리하여 술도 부드럽게 술이 나오지 않았을까 추측하여 본다.

* 문헌 속 총 9말 분량을 1말로 계량해 술을 빚었다.

◇

밑술

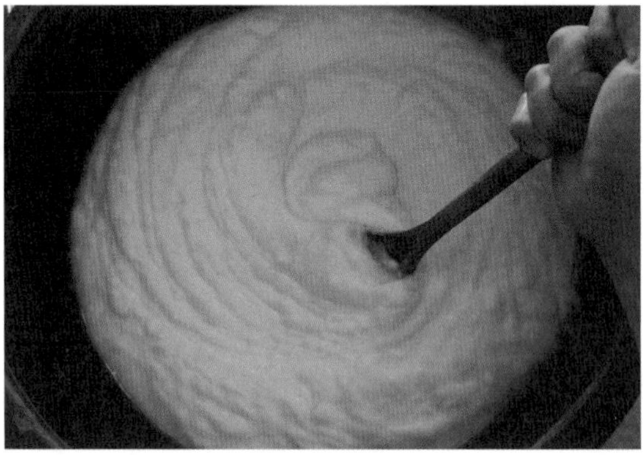
4

● 재료

멥쌀 1.3kg (가루로 약 1.5kg)
찬물 1.4L
끓는 물 3.6L
누룩가루 130g
밀가루 150g

● 밑술 빚는 법

1 멥쌀 1.3kg을 백세한 뒤 하룻밤 불려준다.
2 다음날 쌀을 헹구어 체에 밭쳐 물기를 뺀 뒤 곱게 가루로 낸다.
3 찬물 1.4L를 가루에 부어 고루 풀어준다. 이때 손으로 하면 좋다.
4 끓는 물 3.6L를 풀어진 가루에 끼얹어 가면서 주걱으로 잘 저어준다.
5 차게 식힌 범벅에 누룩가루 130g과 밀가루 150g을 섞어 고루 치댄 후 독에 넣는다.
13일간 발효시키는데 온도가 높으면 이보다 더 빨라지므로 상황에 맞게 한다.

◇

덧술 1

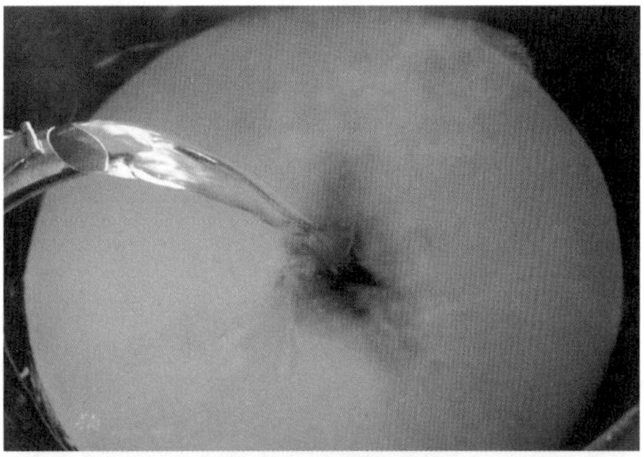
2

4

● 재료

멥쌀 2.2kg (가루로 약 2.5kg)
끓는 물 5L

● 덧술 빚는 법

1 멥쌀 2.2kg을 위의 방법대로 준비한 뒤 곱게 가루낸다.
2 끓는 물 5L를 가루에 끼얹어 가면서 주걱으로 고루 잘 풀어주며 범벅을 만든다. (물 양은 같게 하는데 찬물을 가루에 부어 밑술과 같이 먼저 풀어주면 편리하다.)
3 범벅이 차게 식으면 빚어 놓은 밑술과 합하여 치대기를 한다.
4 고루 치댄 후 항아리에 넣고 13일간 익힌다. 밑술과 마찬가지로 온도에 따라 익는 날이 달라질 수 있으므로 독의 상태를 잘 살핀다.

◇

덧술 2

5

6

● 재료

멥쌀 4.4kg
끓는 물 10L
누룩 130g
밀가루 75g

● 덧술 빚는 법

1 멥쌀 4.4kg을 백세한 뒤 하룻밤 불린다.
2 다음날 쌀을 헹구어 건져내 물기를 뺀 후 고두밥을 짓는다.
3 밥이 다 되면 자배기에 옮긴 후 끓는 물을 밥에 부어 섞어준다.
4 물이 밥에 다 스며들면 삿자리에 널어 자주 뒤집어 가며 고두밥을 차게 식힌다.
5 밥을 자배기에 옮겨두고 누룩가루 130g, 밀가루 75g과 덧술 1을 넣은 후 고루 치댄다.
6 독에 넣은 뒤 차지도 덥지도 않은 곳에 독을 두고 따로 보쌈을 하지 않는다.
7 2~3개월이 지나면 술이 익으니 걸러서 쓴다.

조선시대 숙종 때 실학자인 홍만선이 지은 《산림경제》에 보면 "여산의 옛 이름이 호산이어서 고장의 이름을 따서 호산춘이라 했다."라고 나와 있다. 여산은 지금은 한가한 소읍으로 쇠퇴했지만 조선시대에는 향교가 있고 교통의 요지로 중요한 위치를 차지하고 있었다. 여산은 사람의 왕래가 많고 맑은 샘물이 있어 호산춘 같은 명주가 나올 수 있었다. 호산춘은 서울의 약산춘, 충청도의 노산춘과 더불어 3대 민속춘주로 이름을 떨쳤다.

호산춘은 13일 간격으로 세 번 술을 빚고 2~3개월을 숙성시키는 100일주다. 맑고 깨끗한 청주로 누룩의 양을 적게 써서 맛과 향이 깨끗하다. 술을 마셔도 숙취가 없고 그윽해 술의 정수를 보여준다.

밑술은 누룩과 밀가루를 넣어 따뜻한 곳에서 발효시켜 너무 차지도 덥지도 않은 서늘한 곳에서 서서히 익힌다. 100일을 익는 동안 술맛이 깊이 밴다. 인공적이지 않고 기교를 부리지 않은 술맛이 소박하면서 흉내낼 수 없는 자연스러움이 있다.

밑술을 만들 때 쌀가루를 찬물과 섞어 주고 끓는 물을 부어 끈끈하게 만든다. 쌀가루가 고르게 퍼지게 한 후 끓는 물을 주어 뭉치지 않게 하는 방법이다.

첫 번째 덧술에서는 누룩을 빼고 범벅을 만들어 치대 넣었다. 술 향이 빼어나고 젖산균의 작용으로 산미가 감돌고 감미도 느껴진다. 삼양주라 여름을 피해 담그는 게 좋겠다.

두 번째 덧술을 해보니 발효가 잘돼 치대기가 수월하다. 두 번째 덧술을 할 때는 다시 한 번 누룩과 밀가루를 넣고 치댄다.

잡곡주

블렌딩의 미학, 곡주가 지닌 무한한 가능성

잡곡주

찰수수·찰강냉이·차조·찰기장 중에서 한 종류, 혹은 서로 섞은 것 1말을 가루 낸다. 물 2.5병을 끓여 위의 가루를 넣고 고루 섞어 죽을 쑨 뒤 식힌다. 누룩가루와 밀가루 각 2되를 고루 섞어 독에 넣는다. 맹물이 들어가지 않도록 조심한다. 3~4일이 지나서 익으면 또 위의 여러 곡식 중에서 한 종류, 혹은 서로 섞은 쌀【혹은 멥쌀을 섞은 것이 더욱 좋다】 3말을 가루 낸다. 물 7병을 끓여 먼저 가루 찌끼를 넣고 몇 번 끓으면 다음으로 쌀가루를 넣고 죽을 쑤어 식힌다. 앞의 밑술과 합하여 빚어 이레가 지나면 술주자에 얹을 수 있다. 반 정도 익을 즈음에 찹쌀이나 기장쌀 3~4되를 가루 내어 죽을 쑨 뒤 더하여 빚으면 술맛이 더욱 맵고 독하다. 비록 여러 곡식을 섞어도 반드시 가루 내어 빚어야 한다. 《사시찬요보》

雜穀酒方

粱秫、粘薥黍、粘黍、粘稷中一種, 或相雜一斗, 作末. 水二瓶半, 沸熱入末, 攪均作粥, 候冷. 麴末、眞麪各二升, 調和入甕. 忌客水. 過三四日, 待熟, 又以雜米中一種, 或相雜米【或雜粳米, 尤好.】三斗, 作末. 水七甁沸湯, 先入末滓數沸,次入米末作粥, 候冷. 與前本合釀, 過七日可上槽. 方其半熟時, 糯米或黍米三四升, 作末, 造粥加釀, 則味尤辛烈. 雖雜米, 必須作末, 釀之.《四時纂要補》

와인을 만들 때도 몇 종류의 포도를 섞어 술을 빚는 경우가 있다.
이번에 빚는 잡곡주는 이러한 와인과 비슷하다. 문헌에서는 4가지 주곡과 멥쌀을 재료로 삼았다. 물론 와인 블렌딩은 종류가 다른 여러 품종의 포도주를 섞어 최상의 맛을 끌어내는데 여러 잡곡들을 잘 저장해두었다가 최고의 잡곡 블렌딩을 해보는 것도 재미있을 것이다.

* 본 방문의 양을 다시 계량하여 이번 잡곡주를 빚었다.

◇

밑술

1

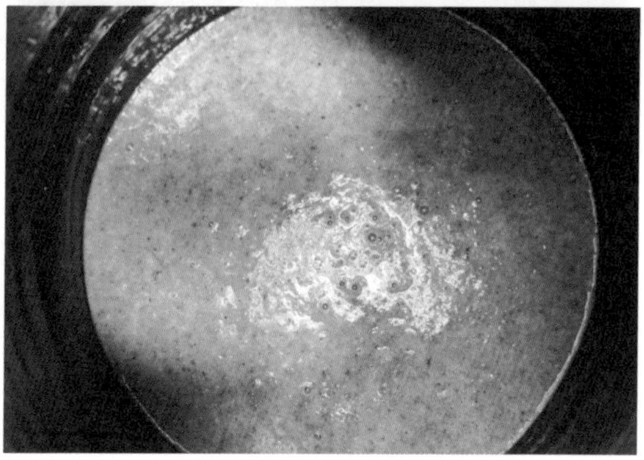
5

● 재료

찰수수
찰강냉이
차조
찰기장 합하여 2kg
누룩가루 300g
밀가루 300g
물 3.5L
(실제 문헌 속의 비율로 계산시 1.15L)

● 밑술 빚는 법

1 밑술에 사용될 잡곡을 깨끗이 백세한 후 하룻밤 물에 불린다.
2 다음날 흐르는 물에 헹궈 건져낸 후 곱게 가루 낸다.
3 분량의 물을 끓여 가루에 부어 고루 섞어준 후 죽을 쑤어 식힌다.
4 죽이 다 식기를 기다렸다가 법제한 누룩과 밀가루를 함께 고루 섞는다.
5 치대기를 마치면 독에 넣고 3~4일을 두어 익힌다.

◇

덧술

1

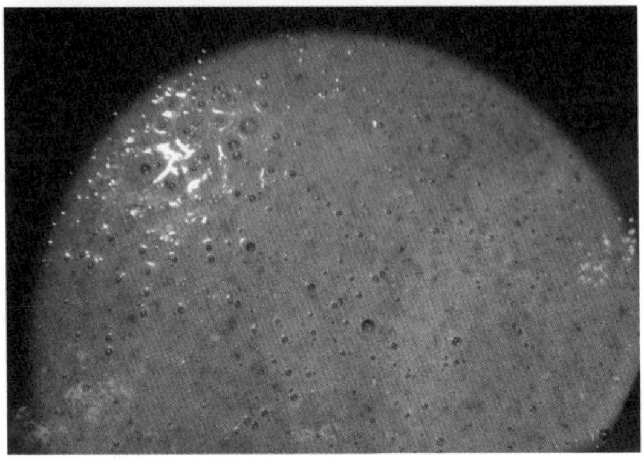
4

● 재료

잡곡 멥쌀 6kg (녹미, 홍미, 백미)
물 9L
(실제 문헌 속의 비율로 계산시 3.15L)

● 덧술 빚는 법

1 각각의 멥쌀을 섞어 백세한 후 하룻밤 물에 담가둔다.
2 다음날 쌀을 헹군 후 건져내 물기를 빼고 곱게 가루 낸다.
3 분량의 물을 끓여 가루에 부어 고루 섞은 후 죽을 쑨다.
4 죽이 차게 식으면 밑술과 합하여 고루 치댄 후 독에 넣는다.
5 1주일 후면 술이 익어 거를 수 있다. 날이 추울 때는 조금 더 두고 익혀 쓴다.

멥쌀이나 찹쌀로 술을 빚기 이전에 다양한 잡곡들로 술을 빚었을 것이다. 찹쌀만으로 술을 빚기 시작한 것은 고려시대부터다. 잡곡은 입자의 크기가 다르고 전분의 성질도 달라 발효가 잘 되게 하려면 반드시 가루 내서 사용한다.

잡곡주방은 2번에 걸쳐 밑술에 곡식이나 멥쌀죽, 찹쌀이나 기장쌀죽을 더해 완성한다. 이렇게 하면 술맛이 더욱 맵고 독하다고 나와 있다. 기장은 차지고 끈기가 있고 성질이 따뜻하다. 잡곡주는 여러 가지 잡곡을 섞어 만들기 때문에 단일 재료로 만든 술보다는 복합적인 맛이 난다. 잡곡죽은 더 고소한 냄새와 맛이 나 술맛에 숨은 맛을 더해준다. 보통 술보다 빨리 익는다. 술의 도수는 생각보다 높지 않아 오래 두고 먹는 술로는 적합하지 않다. 짧게 먹을 수 있지만 풍미가 좋은 술이다. 깨끗한 맛을 좋아하는 사람들에게는 호불호가 갈릴 수 있지만 좀 더 원초적이고 색다른 맛을 원하면 담가 볼 만한 술이다.

두강춘

이토록 사랑하여 술에 자신의 이름을 내걸다

두강춘

흰쌀 3말을 곱게 가루 내어 끓는 물을 섞어 죽을 쑨다. 누룩가루 3.5되를 섞어 빚어 익힌다. 흰쌀 3말을 가루 내어 끓는 물 4말을 넣고 죽을 쑨다. 누룩가루 3.5되를 앞에 빚어놓은 밑술과 잘 섞는다. 익은 뒤에 또 흰쌀 3말을 푹 쪄서 섞어 빚는다. 합하면 흰쌀 9말, 누룩가루 7되, 끓는 물 7.5말이다.《삼산방》

杜康春方

白米三斗, 細末, 和湯水作粥. 麴末三升五合, 和釀待熟. 白米三斗, 細末, 湯水四斗, 作粥. 麴末三升五合, 與前釀拌和. 熟後, 又以白米三斗, 爛烝, 和釀. 合白米九斗、麴末七升、湯水七斗五合.《三山方》

술 이름에 '춘' 자가 들어가는 술들은 대개 맛이 좋다. 이번 술은 두강이라는 술을 잘 빚는 이가 직접 보고 들은 것 혹은 자신이 개발한 것을 기록해 전해져 내려온 술이다. 두강주는 《산가요록》, 《수운잡방》, 《음식디미방》, 《산림경제》, 《임원십육지》 등의 고문헌에 자세히 기록되어 있다. 수백 년이 지난 지금도 자신의 이름이 들어간 술을 사람들이 빚는 것을 보면 두강이 어떤 반응을 보일까 궁금하다.

* 본 방문의 양을 다시 계량하여 한 말을 기준으로 술을 빚었다.

◇

밑술

2

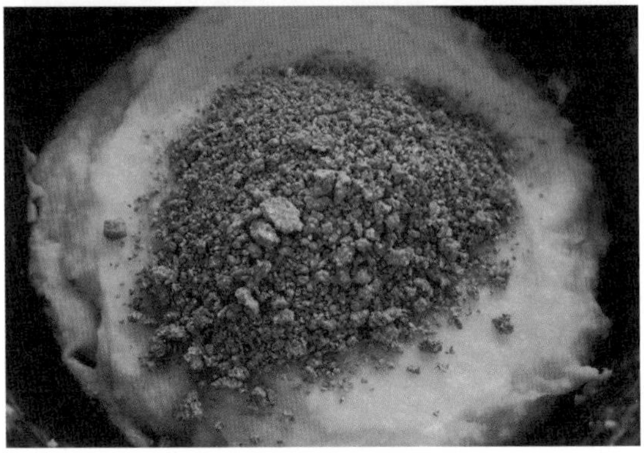

3

● **재료**

멥쌀 1.5kg
물 4L
누룩 250g

● **밑술 빚는 법**

1 멥쌀을 백세하고 하룻밤 둔 뒤 곱게 가루 낸다.
2 분량의 물을 끓여 섞은 후 죽을 쑤고 차게 식힌다.
3 누룩을 죽에 넣고 고루 치댄 후 독에 넣어 익힌다.

◇

덧술 1

2

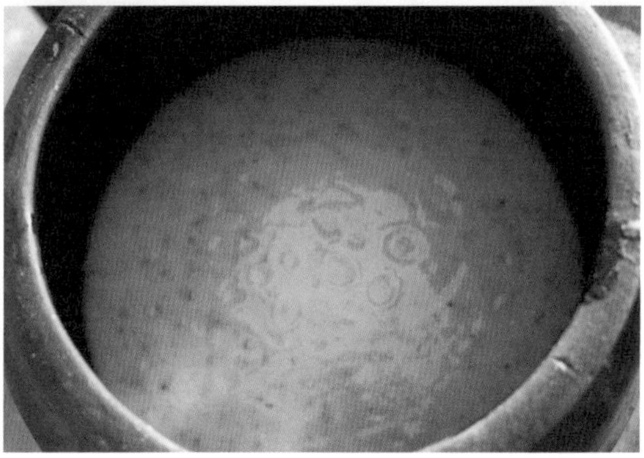

3

● 재료

멥쌀가루 1.5kg
물 5L
누룩 250g

● 덧술 빚는 법

1 분량의 멥쌀을 백세하여 하룻밤 둔 뒤 곱게 가루 낸다.
2 끓는 물을 부어 죽을 쒀 차게 식히고 누룩과 밑술을 함께 더한다.
3 시간을 두고 고루 치대기를 하여 독에 넣어 익힌다.

◇

덧술 2

1

2

● 재료

멥쌀 1.5kg

● 덧술 빚는 법

1 멥쌀 1.5kg을 깨끗이 씻어 하룻밤 불려 고두밥으로 찐다.

2 고두밥이 식으면 덧술 1과 함께 고루 치댄다.

3 치대기를 마치면 소독을 한 독에 잘 넣어 갈무리를 하고 익힌다.

두강춘은 삼양주로 술맛이 빼어난 술이다. 술 이름에 '춘' 자가 붙은 술은 덧술을 두세 번 한다. 이 술은 옛날 중국에서 두강이라는 사람이 술을 잘 빚었는데 그가 했던 방식으로 빚은 술이라는 뜻이다.

두강춘은 쌀죽으로 밑술을 빚어 덧술을 하고 고두밥으로 다시 덧술을 한다. 술 빛이 탁하며 술맛이 진하고 독한 감이 있다. 짧은 시간에 덧술을 하기 때문에 술이 빨리 만들어지면서 향이 그윽하지는 못하다.

밑술의 물 양이 적어 죽이 풀처럼 된다. 끓는 물을 가루에 직접 부어 주면 뭉칠 수 있어 천천히 잘 풀어준다.

두강춘은 술을 빨리 안전하게 만들 수 있는 오래된 주방이다. 속성주이지만 쌀죽으로 밑술을 빚고 쌀죽과 고두밥으로 덧술을 하면 술이 익는 데 시간이 좀 더 걸린다.

Tip

술을 빚을 때 가루죽을 만들기도 하고 떡을 찐다거나 고두밥을 지어 술을 빚는데
특수한 술을 제외하고는 열을 가해 익혀낸 재료를 차게 식혀 술을 빚어야 술의 발효,
숙성 과정에서 변질되는 것을 예방할 수 있다.

〈정조지〉에 소개된
술에 관하여 알면 좋은 점

술 빚는 이들은 거른 술을 잘 저장해야 하는 마지막 숙제가 남아 있다. 〈정조지〉에는 청주와 소주 보관하는 법을 다루고 있으며 각지에서 보내온 술을 함께 보관하는 재미있는 법도 알려준다. 술을 잘 보관할 수 있는 방법을 살펴보면 우선 술이 잘되어 도수가 높아 잡균으로부터 자유로워야 하며 저장 용기를 깨끗이 하여 오염을 방지하고 술이 공기와 닿는 부분을 최소화하여 저장하면 좋은 술을 오래 두고 마실 수 있다.
또한 술에 꽃을 넣은 가향주와 약재를 이용해 약성을 보탠 약용주 만드는 법도 다루는데 참고하여 빚으면 실패를 줄이고 상품의 술을 만들 수 있다.

술을 상하지 않게 보관하는 법

먼저 좋은 누룩 1덩어리나 1근을 독 바닥에 안치고 깨끗한 돌로 눌러준다. 청주를 콸콸 부어 넣고 독 아가리를 단단히 봉하면 그 맛이 오래도록 변치 않는다.《삼산방》

노주 보관하는 법

노주를 내린 뒤 단단히 봉해 김이 새지 않게 하여 항상 따뜻한 곳에 둔다. 대개 노주를 담은 병의 아가리는 생오이나 비름나물로 막지 않는다. 밤이 지나면 맛이 싱거워지기 때문이다.《증보산림경제》

여러 술을 보관하는 법

각지에서 술을 보내와 진한 정도와 맛이 고르지 않은데 한 곳에 두고 맑게 하려면 진피 3~4냥을 술에 넣고 단단히 봉한다. 3일이 지나 진피를 걸러내면 그 맛이 향기롭고 좋다.《증보산림경제》

술에 꽃 향 들이는 법

감국이 흐드러지게 필 때 가려서 딴 뒤 볕에 말린다. 독에 술 1말을 담고 국화 2냥을 생명주주머니에 담아 술 표면 위 손가락 하나쯤 떨어진 곳에 매달아두고 독 아가리를 밀봉했다가 하룻밤 지나면 주머니를 치운다. 술맛에 국화향이 배어 납매(섣달에 꽃이 피는 매화)의 향기와 같은데 일체의 향기 있는 꽃은 이 방법대로 한다. 일반적으로 술의 성질과 차의 성질은 같아서 모든 향기를 쫓아서 그대로 변할 수 있다.《구은신은서》

유자 껍질을 벗겨 잘게 썬 뒤 주머니에 담아 위의 방법과 같이 술 위에 매달아 둔다. 만약 껍질을 술 속에 넣으면 오래지 않아 술이 시게 되어 맛을 버린다.《증보산림경제》

술에 약재 담그는 방법

일반적으로 술 속에 약재를 담글 때는 모두 잘게 잘라 생명주주머니에 담아 술을 넣고 밀봉한다. 봄에는 5일, 여름에는 3일, 가을에는 7일, 겨울에는 10일이 지나 그 진하기와 독한 정도를 보아 걸러낼 만하면 맑은 것을 떠서 복용한다. 찌끼는 볕을 쬐어 말려 거친 가루를 내어 다시 담가서 마신다. 1병의 술에 거친 가루 약재 3냥을 담그는 것이 정석이다.《동의보감》

혹은 약료와 함께 술을 빚는데 맛이 너무 독하다. 노주를 내리면 맛이 더욱 뛰어나다.《고사십이집》

밥 잘 짓는 법

청나라 장영(張英)의《반유십이합설(飯有十二合設)》에는 "조선 사람들은 밥을 잘 짓는데 밥알이 또랑또랑하고 부드럽고 매끄러우며 향기와 윤이 나는 것이 혹시 이른바 가운데와 가장자리가 모두 기름지다는 것이 아니겠는가?" 하였다. 우리나라 사람들의 밥 짓기는 대개 이미 천하에 이름이 났다. 요즘 사람들의 밥 짓기에는 다른 기술이 있는 것이 아니라 쌀을 깨끗이 일어 쌀뜨물을 기울여 버리고 노구솥에 넣고 새로운 물을 부어 담가 쌀 위로 손바닥 하나만큼 채운다. 솥뚜껑을 닫고 땔감을 태워서 끓이는데 질게 하려면 익을 때쯤 불을 빼서 1~2 각(15~30분) 후에 다시 불을 넣어 끓인다. 되게 하려면 불을 빼지 말고 처음부터 끝까지 센 불로 끓인다. 그러나 남쪽 사람들은 쌀밥을 잘하고 북쪽 사람들은 조밥을 잘하는데 역시 각기 그 습속을 따른 것이다.《옹치잡지》

약산춘
맛의 균형이 잘 잡힌 서울의 명주

약산춘

【약산춘은 곧 충숙공(忠肅公) 서성(徐渻)이 빚은 술이다. 공의 집이 약현(藥峴)에 있었기 때문에 약산춘이라고 이름 지어졌다.】

1월 첫 번째 해(亥)가 들어가는 날에 흰쌀 5말을 깨끗이 씻어 물에 담가둔다. 좋은 누룩을 거칠게 빻은 것 5되에 물 5병을 넣어 담가둔다. 다음날 먼저 쌀을 가루 낸 뒤, 쪄서 떡을 만든다. 다음에는 담가둔 누룩을 체로 쳐서 찌꺼기를 제거하고 앞에서 누룩 담갔던 물과 새로 길은 물을 섞어서 20병을 만들어 찐 떡과 고루 섞어 뜨거운 채로 독에 넣는다. 동쪽으로 뻗은 복숭아나무 가지를 가지고 저어준다. 기름종이와 베보자기로 2~3겹 덮어서 헛간에 둔다. 날이 오래되어 간혹 뜬 거품이 생기면 그때그때 건져낸다. 2월 그믐께가 되면 쌀 5말을 앞에서 한 것과 같이 깨끗하게 씻은 뒤 고두밥을 지어 더한다. 늦봄에서 초여름 사이가 되어 밥알이 뜨고 빛깔이 진해진 뒤에 쓰면 맛이 매우 향기롭고 독하다. 떠서 쓸 때에는 절대로 맹물이 들어가지 않도록 한다. 이것은 10말을 빚는 방법이니 빚으려는 양에 따라 이에 미루어서 하면 된다.

1월 첫 번째 해(亥)가 들어가는 날에 날씨가 따뜻하면 떡과 밥을 식혀서 독에 넣고 날씨가 추우면 그날이 지나서 빚어도 무방하다. 다만 더하여 빚는 것은 이에 비추어 날짜를 물린다. 만약 오래도록 쓰고자 한다면 맑은 부분을 따라서 사기 항아리에 담아 햇볕이 들지 않는 곳에 묻어두면 여름 3달을 지나도 맛이 변하지 않는다. 《삼산방》

藥山春方

【卽徐忠肅公渻所造. 公家于藥峴, 故名藥山春.】

正月上亥日, 白米五斗, 淨洗浸水. 好麴麤搗五升, 以五瓶水浸之. 翌日, 先將米作末, 烝熟作餠. 次篩浸麴去滓, 將前浸水, 幷新汲水, 和合爲二十瓶, 調烝餠, 乘熱入甕. 取東向桃枝, 攪之. 再三覆油紙、布袱, 置虛廳. 日久, 或有浮漚, 每每拯去. 至二月晦間, 五斗米, 如前淨洗, 烝飯以添. 待春末夏初間, 蟻浮色濃後用之, 味甚薰烈. 酌用時, 勿令入生水氣. 此乃十斗釀法, 所釀多少, 以此推類.

正月上亥, 或日暄, 則餠及飯, 候冷入甕; 或日寒, 則過亥日釀之無妨. 但添釀視此退日. 欲久用, 則倒淸盛入砂缸, 埋不見陽處, 則雖經三夏, 味不變. 《三山方》

"충숙공 서성이 빚은 것이다. 공의 집이 약현에 있었기 때문에 약산춘이라고 이름 지어졌다."
문헌 속 술을 빚다보면 술 이름이 지어진 유래와 술의 출처가 약산춘만큼 명확하게 기록된 술을 찾아보기 쉽지 않다. 약산춘이야말로 집안마다 전해져 내려왔던 가양주의 대표적인 술이며 그 술이 전해져 내려오며 대중화된 좋은 사례라고 할 수 있다.

* 방문의 재료 양의 1/10로 계량하여 한 말을 기준으로 술을 빚었다.

◇

밑술

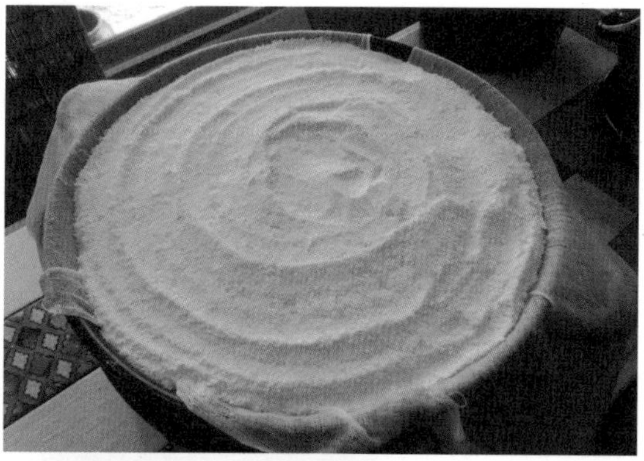
3

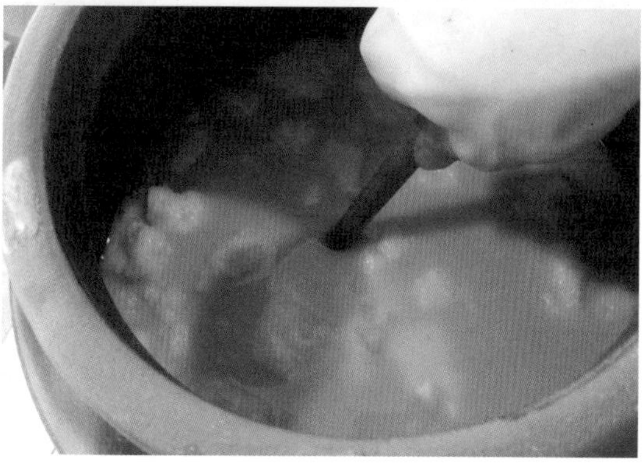
5

● 재료

멥쌀 4kg
누룩 500g
끓여 식힌 물 9L

● 밑술 빚는 법

1 분량의 누룩을 끓여 식힌 물 2L에 담근 후 하룻밤 둔다.
2 멥쌀을 백세한 후 마찬가지로 하룻밤 물에 담가둔다.
3 다음날 멥쌀을 헹궈 물기를 빼고 곱게 가루 낸 후 쪄서 떡을 만든다.
4 누룩 담가둔 물을 체로 걸러 누룩물만 따로 취하고 물 7L와 더한 후 떡과 섞는다.
5 떡과 누룩물을 고루 치댄 후 뜨거운 채로 독에 넣어 저어준 후 기름종이와 베보자기로 2~3겹 덮어서 익힌다. 날이 오래되어 간혹 뜬 거품이 생기면 그때그때 건져낸다.

* 술은 1월 첫 해(亥)일에 빚는데 그날 날이 따뜻하면 떡과 밥을 식혀서 독에 넣고, 날씨가 추우면 그날이 지나서 빚어도 무방하다.

◇

덧술

2

3

● 재료

찹쌀 4kg

● 덧술 빚는 법

1 분량의 찹쌀을 백세하여 깨끗이 한 뒤 하룻밤 물에 불린다.

2 다음날 쌀을 흐르는 물에 헹궈 건져낸 후 고두밥을 짓는다.

3 고두밥이 식으면 밑술과 함께 고루 치댄 후 독에 넣어 익힌다. 늦봄과 초여름 사이가 되어 밥알이 뜨고 빛깔이 진해진 뒤에 걸러서 마신다.

약산춘은 서울의 명주로 "충숙공 서성이 빚은 것이다. 공의 집이 약현에 있었기 때문에 약산춘이라고 이름 지어졌다." 여기서 충숙공 서성은 서유구 선생의 7대조이며, 약현은 현재 서울시 중구 중림동 약현성당 자리이다. 약산춘은 우리가 흔히 약주라고 부르는 맑은 술의 유래가 된 술이다. 주로 서울의 상류층 양반들이 마시던 술로 술 이름에 '춘' 자가 붙어 있어 탁주보다 맑고 깨끗하며 도수가 높고 향이 빼어나다.
약산춘은 깨끗한 맛을 내기 위해 누룩물을 걸러서 쓴다. 누룩 냄새가 들어가지 않아 술이 깔끔하다. 누룩물이 들어가 탄산기가 싸하게 잘 올라오고 1월에 빚어 햇볕이 들지 않는 곳에 묻어두면 여름 3달이 지나도 상하지 않는다고 했다. 저온에서 서서히 발효되기 때문이다.
약산춘이 익을 때 보면 흰 밥알들이 알알이 분리되어 깨끗하게 표면에 떠 있는 모습을 볼 수 있다. 탄산기가 계속해서 올라오는 것도 볼 수 있다.
약산춘을 걸러보니 발효가 잘돼 찌꺼기가 거의 나오지 않는다. 시음해 보면 전체적인 맛의 균형이 잘 잡혀 있다. 술이 너무 달지도 않고 드라이하지도 않다.

Tip

술이 잘 익었을 때에는 술을 짜기도 수월하며 더불어 술지게미의 양도 적게 나온다.
또한 술독 바닥에 전분 형태의 덩어리도 형성되지 않는다.

청명주

'부지깽이를 꽂아도 싹이 난다'는 좋은 날에 빚은 술

청명주

청명(淸明) 때에 찹쌀 2말을 백번 씻어 사흘 동안 물에 담가 둔다. 따로 찹쌀 2되를 같은 날 씻어 물에 담가 두었다가 먼저 건져서 가루 낸다. 물 2되와 섞어 묽은 죽을 쑤어 식힌다. 따로 가루 낸 좋은 누룩 1되와 맥국(麥麴, 보리누룩) 2되를 넣고 동쪽으로 뻗은 복숭아 가지로 고루 저어준다. 사흘이 지나서 발효가 되면 체로 찌끼를 걸러내고 맹물은 절대로 금하고 독에 넣는다. 담가두었던 2말의 쌀을 쪄서 뜸을 들여 밥을 짓고 뜨거운 채로 독안에 함께 넣는다. 서늘한 곳에 두는데 다만 얼 정도로 추운 곳은 금하고 또 햇볕이 드는 곳도 금한다. 세 이레가 지나서 익기 시작하면 맛이 매우 달고 독하다. 비록 더운 여름이라도 만들 수 있으나 다만 술밥은 식혀서 독에 넣어야 한다. 만일 술 마시기를 즐기는 사람이 그 맛이 단 것을 싫어한다면 비록 봄이라도 술밥을 식힌 뒤에 물 2말을 더해주면 맛이 단 것은 음료에 가깝고 향이 독한 것은 술에 가까워진다. 이 청명주방은 양계 처사(良溪處士) 이진(李瀷)에게 얻었다. 《성호사설》

淸明酒方

淸明時, 糯米二斗, 百洗, 浸水三日. 別用糯米二升, 同日浸洗, 先搗作末. 和水二升, 煮成淡粥, 候冷. 入良麴另末一升, 麥麴二升, 以東桃枝攪均. 經三日, 待其成酵, 篩過去滓, 禁絶生水, 入甕中. 乃烝二斗米, 饙餾爲飯,乘熱同入甕中. 置於涼處, 只禦寒凍, 亦禁日光透照. 經三七日始熟, 味極甘烈. 雖暑月亦可造, 但饙飯, 候冷, 入甕也. 若嗜飮者, 厭其味甘, 則雖春月候冷增水二斗, 味甘則近齊, 氣烈則近酒也. 此方得之良溪處士.《星湖僿說》

청명주는 절기의 힘을 빌려 빚는 술로 24절기 중 다섯 번째인 '청명' 때 빚는 술이다. 청명이란 하늘이 차츰 맑아진다는 뜻을 지니며 봄 농사를 준비하는 시기이다.

"청명에는 부지깽이를 꽂아도 싹이 난다"는 말이 있을 정도로 자연이 농사짓기에 최적의 상태다. 모든 곡식과 풀들이 제 시기에 맞춰 싹이 트고 자라는 시기라 청명주도 이 시기에 맞춰 담그는 술이다. 또한 이 방문은 조선 후기 실학자인 이익이 쓴 책에 기술되어 있으며 그의 사촌에게서 얻었다고 전해져 온다.

* 본 방문의 재료의 양을 한 말 독 분량으로 계량하여 술을 빚었다.

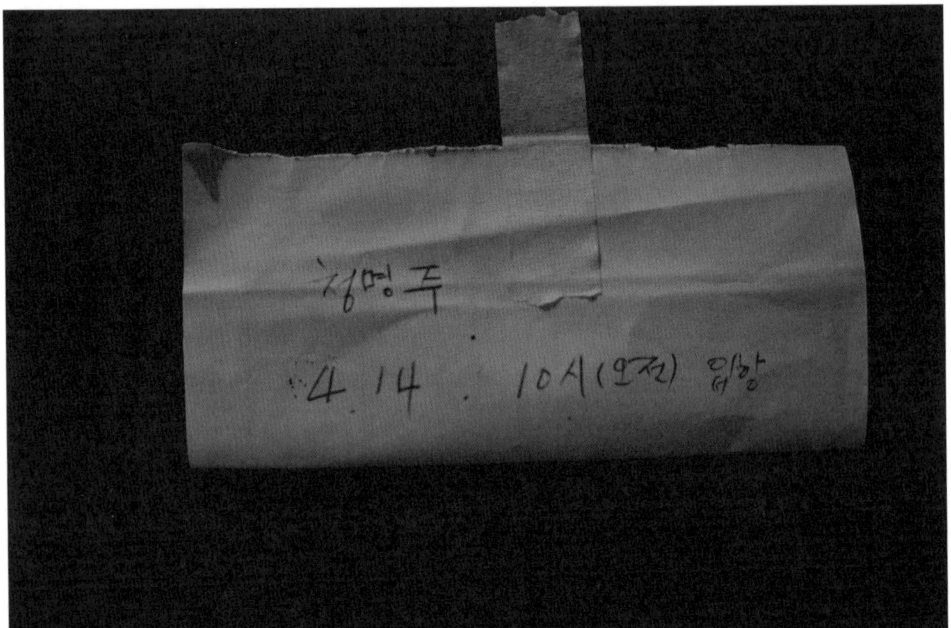

◇

밑술

3

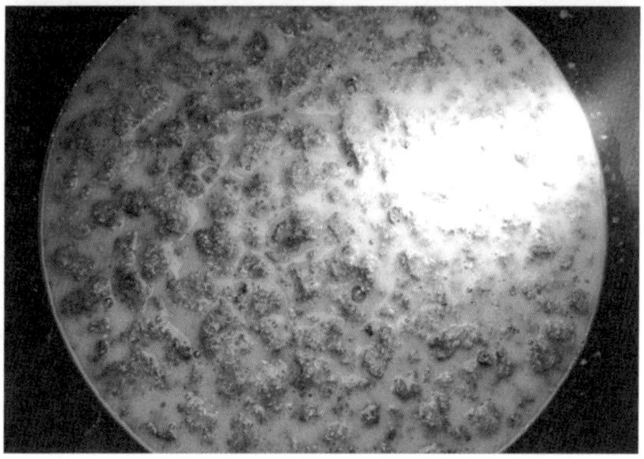

4

● **재료**

찹쌀 800g
물 1.8L(+1.8L)
밀누룩 300g
보리누룩 600g

● **밑술 빚는 법**

1 분량의 찹쌀을 백세한 후 하룻밤 물에 불려둔다.
2 쌀을 헹군 후 물기를 빼고 곱게 가루 낸다.
3 가루를 물과 섞어 풀어준 후 죽을 쑤어 식힌다.
4 누룩과 식은 죽을 함께 섞어 고루 치대기를 하고 항아리에 넣어 익힌다.

◇

덧술

3

4

● 재료

찹쌀 8kg

● 덧술 빚는 법

1 밑술 담글 쌀을 씻을 때 덧술용 찹쌀을 같이 깨끗이 백세한 뒤 물에 하룻밤 불려둔다.

2 3일간 물에 담가 둔 후 깨끗이 헹궈 건져 물기를 빼고 고두밥을 만든다.

3 밑술을 체로 걸러낸 후 독에 담고 고두밥은 뜨거운 채로 함께 넣는다.

4 항아리는 서늘한 곳에 두는데 얼 정도로 추운 곳과 햇볕이 드는 곳을 금한다.

* 단맛의 술을 싫어하는 사람이면 술을 빚을 때 고두밥을 식혀서 넣고 물 한 말을 더해서 만들라고 하였다.

24절기 중 하나인 청명에는 부지깽이를 꽂아도 싹이 난다고 할 정도로 만물의 기운이 약동하고 농사짓기에 좋은 시기이다. 청명에 맞춰 담그는 청명주는 조선 후기 실학자 이익이 쓴《성호사설》에 나와 있다.

철을 잊고 사는 현대인에게 절기주인 청명주는 자연의 기운과 조상들의 지혜를 함께 전해준다.

청명주는 밑술을 만들기 위해 찹쌀을 3일간 담가 뒤 수분이 충분히 침투하도록 한다. 이렇게 하면 가루가 잘 빻아지고 죽도 눅진하게 잘 퍼진다. 정해진 양보다 더 많은 물을 부어 농도를 맞췄다. 찹쌀가루죽은 점도가 높아 식는 데도 시간이 걸리므로 주걱으로 틈틈이 저어준다.

덧술을 할 때 단맛이 싫으면 고두밥을 완전히 식혀서 쓴다. 온도에 따라 당화되는 정도가 다르다. 이번 청명주는 너무 달고 독한 맛은 없어 아쉬웠다. 밑술을 만들 때 물 양이 충분치 않아 효모의 활동이 부족했거나 고두밥을 뜨거운 채로 넣어 효모가 사멸해 감패된 것 같다.

효모가 잘 활동하기 위해서는 수분과 온도가 잘 맞아야 한다. 술 빚기의 기본을 다시 한 번 되새겨 본다. 술을 즐겨 마시는 사람은 단맛을 싫어하는데 술밥을 식힌 뒤 물 2말을 더해주면 맛이 단 것은 음료에 가깝고 향이 독한 것은 사람이 마시는 술에 가까워진다고 해 술맛에 따른 용처를 언급하고 있다.

송화주

봄날, 송화 향을 머금은 술

송화주

3월에 쥐꼬리 같은 송화를 따서 1되를 잘게 썰어 명주 주머니에 담는다. 막걸리[白酒]를 빚어 익을 때에 주머니를 술 가운데에 넣고 술독을 우물 안에 3일간 담가두었다가 꺼낸다. 술을 걸러 마시면 그 맛이 맑고 향기로우며 감미롭다. 《준생팔전》

松花酒方

三月取松花如鼠尾者, 細挫一升, 用絹帒盛之. 造白酒熟時, 投帒于酒中心, 井內浸三日, 取出. 漉酒飮之, 其味淸香甘美. 《遵生八牋》

비가 온 뒤라 송화가 빗물에 씻겨 떨어지지 않았을까 걱정했는데 다행히 비에 많이 떨어지지 않고 젖은 상태로 송홧가루를 머금고 있었다. 문헌에 쥐의 꼬리만한 송화를 따다 쓰라고 나와 있는데 처음에는 이해가 안 되었다. 여태껏 보았던 송화는 늘 짤막해 보였는데 실제 쥐의 긴 꼬리와는 다르게 느껴졌기 때문이다. 그런데 솔밭을 돌다 '아! 이래서 쥐꼬리라고 하였구나.' 나도 모르게 감탄이 나왔다. 봄비를 머금은 송화가 한 꼬투리에 몽글몽글 모여 있는 모습이 너무도 사랑스러웠다.

● 재료

송화 150g
탁주항아리

1

2

3

● 술 빚는 법

1 3월에 송화가 날리지 않게 가볍게 따서 바구니에 담아온다.
2 알맞은 크기의 명주 천을 준비해 송화를 넣고 주머니로 만들어 준다.
3 익고 있는 탁주 가운데에 비단에 싼 송화를 넣어 3일간 둔다.
4 3일 후 걸러 마시면 그 맛이 맑고 향기로우며 감미롭다.

* 명주 천에 송화를 싸는 이유는 명주가 다른 천에 비해 짜임새가 촘촘하여 송홧가루가 실 사이로 빠져나가지 않게 한다.

소나무는 한 가지도 버릴 게 없다. 봄에 새로 올라오는 속피를 벗겨 송기떡이나 죽을 끓여 먹고 송화로는 다식을 만들거나 술을 빚는 데 넣는다. 솔잎은 술을 빚거나 떡을 찔 때 쓴다. 송진가루는 미끄럼 방지제로 쓰고 소나무 뿌리에는 복령이, 근처에서는 송이가 난다.

송화는 층이 있고 구부러져 쥐꼬리를 닮았다. 비오는 날 채취했는데 가루가 날리지 않아 편했다. 병아리색의 송화 가루는 다식의 재료가 되기도 한다. 송화 가루는 물에 침전시켜 불순물과 송진 성분을 제거하고 쓰면 더욱 좋다.

송화 가루는 《본초강목》에 맛이 달고 온화하며 심폐를 보하고 기를 늘리며 풍을 제거하고 지혈 작용도 한다고 나와 있다.

송화 가루에는 피크노제놀 성분이 풍부하게 함유되어 있어 뛰어난 항산화 작용을 한다. 비타민 P인 헤스페리딘이 풍부해 혈관의 탄력을 유지해주고, 콜레스테롤 수치를 떨어뜨려주며 항균, 항암 작용을 한다. 또한 레시틴의 구성 성분인 콜린이 들어 있어 두뇌 건강을 돕는다. 술 향에 송화 향을 더하면 정유 성분이 머리를 상쾌하게 해주어 과음하지 않는다면 송화주는 기호주로 추천할 만하다.

송순주

소나무의 정수를 담다

송순주

소나무 새순을 많이 꺾어다 독 안에 담고 끓는 물을 가득 채운다. 며칠 뒤에 소나무 새순을 걸러내고 독 안의 물을 깨끗한 동이 안에 쏟아낸 뒤 찌꺼기를 체로 쳐내고 도로 독 안에 넣는다. 찹쌀 1말을 쪄 익혀서 누룩가루 1되와 섞어 독 안의 물로 빚는다. 독 아가리를 봉하고 15일 뒤에 쓰면 그 맛이 매우 독하고 오래 두어도 변하지 않는다. 《음선요람》

松筍酒方

松筍多數折取, 盛甕中, 滾湯注滿. 數日後, 漉去松筍, 傾出甕內水於淨盆, 以篩去滓, 還入甕中. 粘米一斗烝熟, 麴末一升和合, 用甕內水釀之. 封甕口, 十五日後用之, 其味甚烈, 經久不變.《飮饍要覽》

송화주에 이어 송순주다. 술에 사용되는 부재료 중 소나무만큼 많이 사용되는 것도 드물 것이다. 그만큼 우리에게 친숙하면서도 고마운 존재이다. 송순은 봄이면 15일 만에 1년에 자랄 크기까지 다 자라버린다. 송순주는 그 향과 맛에 반해 여러 사람들이 감동한 술이었는데 봄에 빚어 한여름에 마시면 그 상쾌함에 잠시나마 더위를 날리게 된다.

● **재료**

송순 700g
끓는 물 5L
찹쌀 4kg
누룩 350g

1

2

4

● **술 빚는 법**

1 산에 올라 소나무 새순을 고사리 꺾듯이 꺾어 바구니에 담아와 모엽을 다듬는다.
2 흐르는 물에 흔들어 송순을 씻고 항아리에 담은 후 끓는 물을 가득 채운다.
3 3일 후(문헌에는 수일 후) 독 안의 물을 옮기며 체로 송순을 걸러낸다.
4 찹쌀을 하루 불려 고두밥을 짓고 식힌 후 누룩과 송순 거른 물과 함께 치댄다.
5 항아리에 넣고 독 입구를 봉한 뒤에 익혀 마신다.

송순은 소나무 가지의 새잎이 난 부분을 말한다. 봄철 15일 만에 1년 자라는 길이가 다 자랄 정도로 생장 속도가 빠르다. 이 에너지를 그대로 술에 담아내기 위해 이 시기에 맞춰 송순을 채취한다.
송순은 송진과 불순물이 있어 3일 정도 물을 자주 갈아주며 침지시켜야 한다. 물기를 뺀 송진은 술 빚기 전에 뜨거운 물을 한 번 부어 주어 나머지 송진을 제거하고 향을 활성화시킨다.
소나무 껍질에서 추출한 성분은 피부 손상을 회복시켜 주는데 특히 프랑스 해안송에서 추출한 밀크시슬은 간과 관절의 건강을 지켜주고 항산화 효과가 뛰어나다. 솔잎액 역시 항산화 효과가 뛰어난데 솔잎에는 비타민 A가 풍부하여 혈액순환을 잘되게 해 성인병 예방에 도움을 준다. 《동의보감》에서 말하는 늙지 않고 원기 왕성해진다는 의미가 맞다.
약리 작용이 뛰어난 소나무를 곁에 심어 두고 음식의 재료로 쓰거나 향을 즐기며 정신적인 위안까지 받았다. 배고플 때는 구황 작물로도 쓰여 쓰임새가 다양했다.
송순주를 마시면 솔잎의 향까지 마실 수 있어 심신을 안정시키는 효과가 있다. 그 덕분인지 송순주를 마시며 화한 향, 진중한 향까지 느껴진다고 칭찬 일색이다. 송순주는 맛이 강하고 송순의 항산화 작용으로 오래 두고 먹어도 술맛이 변하지 않는다.

죽엽청

댓잎 사이로 부는 바람소리를 만끽하며

죽엽청

대나무 잎 60근을 썰어 물 4섬에 섞어 삶는다. 맑은 즙을 떠서 흰쌀 5말을 푹 찐다. 누룩가루 적당량을 섞어 빚어 맑아지면 술주자에서 짠다. 술주자에서 떨어지는 술은 새빨간 빛을 띠며 일체의 감기[風邪]를 치료한다. 《삼산방》

竹葉淸方

竹葉剉六十斤, 和水四石煮. 取淸, 白米五斗, 爛烝. 麴末斟酌和釀, 待淸壓槽. 所滴【缺】眞珠紅, 治一切風邪. 《三山方》

앞에서 빚었던 죽엽춘과 달리 죽엽청에는 실제 대나무 잎이 들어간다. 중국 무협영화에나 나올 법한 이 술에서는 대나무 숲 옆에 있는 객잔에서 술을 마시다가 싸움이 붙어 대숲을 휙휙 날아다니며 아슬아슬한 대결을 펼치는 장면이 떠오른다. 대나무는 첫 죽순을 내기 위해 몇 년에 걸쳐 뿌리를 땅에 퍼뜨리고 때가 되었다고 판단되면 그제서야 제 몸을 땅 위로 드러낸다. 이런 대나무의 강인한 생명력이 죽엽청에 고스란히 담겨있다.

● 재료

대나무 잎 1.5kg
물 3.5L
멥쌀 3kg
누룩 300g

1

3

5

● 술 빚는 법

1 대나무 잎을 따서 씻은 후 썰어 조각을 낸다.
2 분량의 물을 끓여 대나무 잎을 삶는다.
3 하룻밤 불려둔 쌀은 고두밥으로 쪄서 차게 식힌다.
4 댓잎 삶은 물과 고두밥 그리고 누룩과 함께 고루 치댄다.
5 치대기를 마치고 항아리에 담아 익히는데 맑아지면 걸러 마신다.

대나무 잎의 약리 작용을 이용할 수 있는 약술이다. 댓잎에는 비타민 C, 포도당, 과당이 들어 있어 감기를 예방해주고 항산화 작용이 있어 노화를 늦춰준다. 댓잎에 음식을 싸서 조리하면 음식이 잘 쉬지 않는다. 섬유질이 풍부하고 칼륨이 들어 있어 염분과 체내 노폐물 배설에도 도움을 준다. 댓잎의 향까지 활용할 수 있어 솔잎처럼 쓰임이 많다.

대나무는 첫 죽순을 내기 위해 몇 년 동안 땅속 뿌리를 퍼뜨리다 죽순으로 올라와 댓잎을 피운다. 겨울에도 푸른 댓잎의 생명력이 술 속에 담긴다.

댓잎 물로 치대기를 한 후 실제 댓잎도 넣어 함께 발효시켰다. 발효 중에도 옥백색 누룩들 사이로 봄바람 같은 훈훈한 향이 올라온다. 한 달 조금 안돼 술을 걸러 보니 위에 맑은 청주가 고였다. 고두밥이 아주 잘 삭아 죽엽만 보일 정도다. 죽엽이 발효를 도와 완전 분해된 것 같다. 술맛이 시원하고 탁주는 신맛이 살짝 감돈다. 죽엽청을 마시며 몸이 가벼워져 댓잎 사이를 날아다니며 무술을 하는 고수가 된 상상을 해본다.

꿀술

벌들의 무수한 날갯짓에 감사하며

밀주

꿀 4되, 술 9되를 같이 끓여 거품을 걷어낸다. 여름에는 매우 차게 겨울에는 조금 따뜻하게 하여 누룩 가루 4냥, 백효(白酵) 1냥, 콩만 한 용뇌(龍腦)를 넣는다. 큰 종이로 7겹을 싸주고 매일 종이 1겹씩 제거하여 이레가 되면 술이 된다. 땅기운을 가까이 하지 않는다. 겨울에는 불을 써서 따뜻하게 하여 거품이 얼지 않도록 하면 맛이 달고 부드럽다. 《구선신은서》

蜜酒方

蜜四升、酒九升, 同煮, 掠去沫. 夏月極冷, 冬月少溫, 入麴屑四兩、白酵一兩、龍腦豆. 大紙七重捲之, 日去紙一層, 七日酒成. 勿近地氣. 冬月須用火溫, 勿令凍沫, 味甘軟.《臞仙神隱書》

벌의 무게는 약 0.1g인데 꽃에서 얻은 꿀을 벌 몸통의 꿀주머니에 가득 채우면 0.14g이 된다고 한다. 40mg의 꿀을 얻고자 꿀벌은 무수한 노동을 아끼지 않는데 꿀을 채집하는 행위를 반복하면 할수록 벌의 수명은 줄어든다고 한다. 오늘 빚고자 하는 꿀술이 이러하다. 벌들의 수명을 모아놓은 집합체. 쌀이 농부의 땀이라면 꿀은 벌의 피와 땀이다. 이러한 꿀로 귀하다는 술을 담그니 겸손한 마음으로 감사히 먹어야겠다.

● 재료

꿀 500mL
청주 1.2L
누룩가루 30g
백효(밑술) 15mL
콩만 한 용뇌

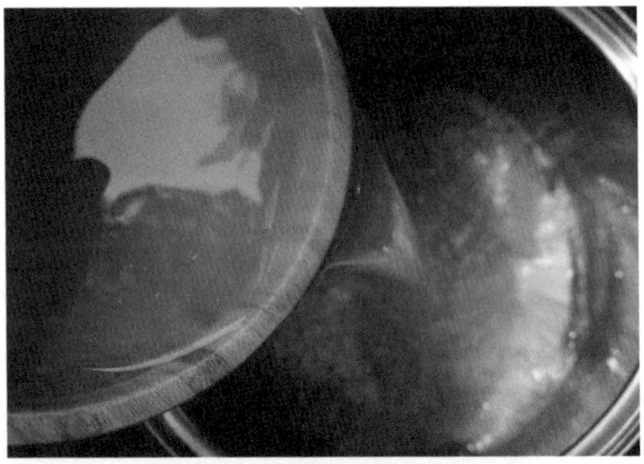

1

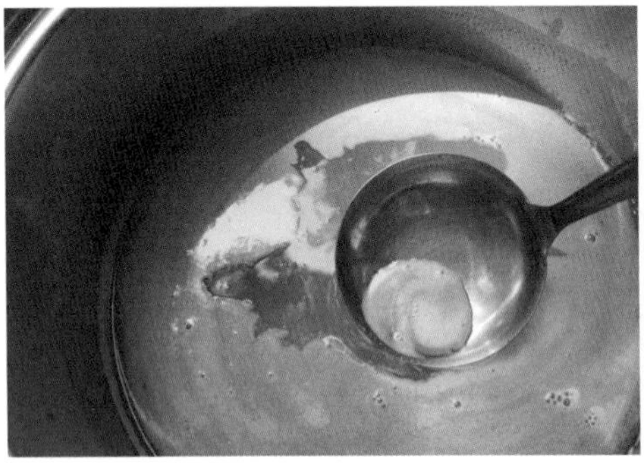

2

3

● 술 빚는 법

1 꿀과 술을 두꺼운 냄비에 같이 끓여준다.
2 주걱으로 저어주며 약한 불로 달이듯이 끓이며 거품이 일면 걷어낸다.
3 여름에는 매우 차게 식히고 겨울에는 조금 따뜻한 상태에서 누룩과 밑술, 용뇌를 넣는다.
4 항아리에 넣고 종이로 두껍게 덮어주어 익히면 7일 뒤 술이 된다.
5 술이 익을 때 땅기운을 가까이 하지 않는다.

꿀술은 사치스럽고 귀한 술이다. 호산춘이 땅의 기운을 받아 만드는 우직한 술이라면 꿀술은 땅의 기운을 멀리하고 담그는 미용주다. 동시에 꿀의 약리 작용을 활용해 치료용으로도 마셨다.

벌의 무게가 0.1g인데 자기 몸에 있는 꿀주머니를 가득 채우면 0.14g이 된다. 꿀이 귀한 이유다. 꿀은 감미료 중에 맛이 가장 복합적이고 약리 작용도 뛰어나다. 꿀은 당분이 주성분이므로 먹는 즉시 에너지를 회복시켜 준다. 꿀은 다양한 비타민과 미네랄이 들어 있어 면역력을 증강시켜 주고 피부미용에 좋으며 항균 효과도 뛰어나 감기 예방에 효과적이다.

꿀술에는 백효와 용뇌를 넣는다. 백효와 용뇌는 박하향과 비슷하며 막힌 것을 뚫고 정신을 깨워준다.

밀주는 담가 두고 꾸준히 마시면 젊어지고 에너지가 넘치게 해주는 노화 방지주였다. 체하거나 기력이 쇠해지거나 기침, 감기 등에 상비약처럼 두고 약으로 마셨다. 자양강장과 미용, 치료용으로 두루 쓰인 밀주는 따뜻하게 해서 마셔야 흡수가 더 잘된다. 우황청심환이나 공진단 같은 역할을 한다.

Tip

〈정조지〉에 실린 꿀에 대한 내용

맛이 달고 성질은 평하며 독은 없다. 명치 부위의 사기를 다스리고 오장을 편안하게 하며 기를 북돋우고 속을 보하며 여러 질병을 제거하고 온갖 약을 조화시킨다. 오래 먹으면 뜻을 강하게 하고 몸을 가뿐하게 한다.《신농본초》

꿀이 비록 독은 없으나 많이 먹으면 역시 여러 가지 풍이 생긴다.《본초연의》

송자주

귀하고 영양 많은 잣술

송자주

잣 1되를 물에 담가 하룻밤 두었다가 깨끗이 씻은 뒤, 갈아서 질게 한다. 물 1.1말로 달여서 물이 1말로 줄면 찌꺼기를 제거한다. 흰쌀 1말을 백번 씻어 곱게 가루 낸 뒤 잣을 달인 물과 섞어 독에 넣는다. 10일 뒤에 마시면 사람의 온갖 병을 물리친다.【이 방법에는 '썩임·누룩가루·섞어서 빚는다'는 문장이 없으므로 아마 빠지고 잘못된 부분이 있는 듯하다.○《증보산림경제》】

松子酒方

海松子仁一升, 浸水經宿, 淨洗磨成泥. 用水一斗一升, 煎至斗, 去滓. 白米一斗, 百洗細末, 和松子煎水納甕. 十日後飲之, 祛人百病.【此方無腐本、麴末、和釀之文, 疑有闕誤.○《增補山林經濟》】

잣은 신라시대에 바다 건너 중국으로 넘어갈 정도로 인기가 많아 해송자, 신라송이라고 불렸으며 잣으로 만든 죽을 죽 중에서도 고급으로 쳤다. 우리나라 가평 등지는 잣나무가 자라기 좋은 조건을 갖춰 잣의 품질이 높다. 잣나무는 소나뭇과이기 때문에 소나무와 구분하기가 쉽지 않은데 잣나무는 오엽송으로, 입이 5개 뭉쳐진 점이 다르다. 〈정조지〉에는 《문견방》과 《증보산림경제》 두 문헌의 술 빚는 법이 기록되어 있는데 《문견방》에서는 '향온주'를 기본으로 하여 술을 빚는다.

＊ 잣 800g을 기준으로 계량하여 술을 빚었다.

● 재료

잣 800g
물 5L
멥쌀 4kg
누룩가루 150g
밑술 300mL

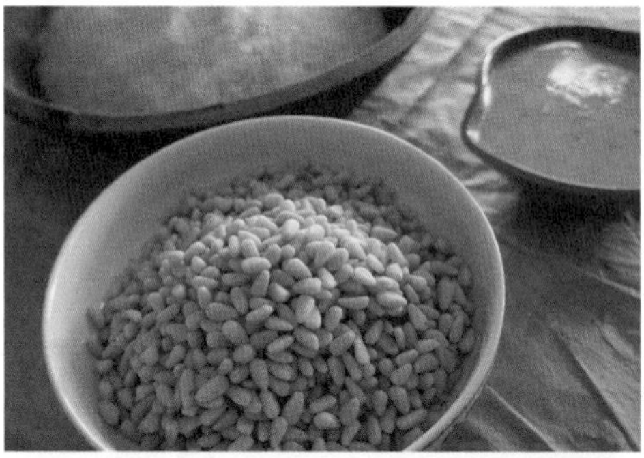
1

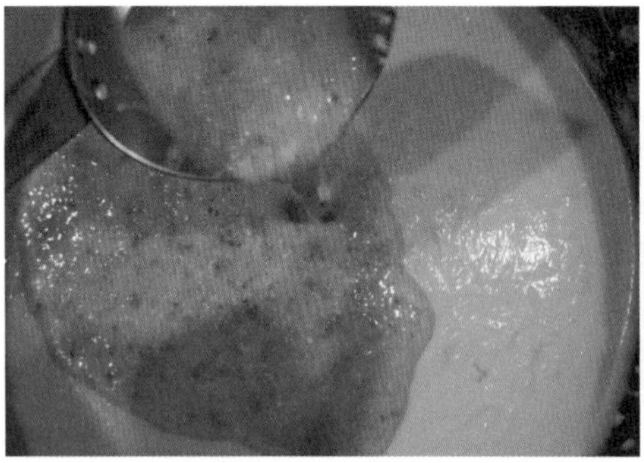
5-1

5-2

● 술 빚는 법

1 분량의 잣을 준비해 물에 담가 하룻밤 둔다.
2 다음날 흐르는 물로 잣을 깨끗이 씻어 질게 간다.
3 물 5L에 갈아둔 잣을 넣고 충분히 달여 체로 찌꺼기를 거른다.
4 멥쌀을 백세하여 하룻밤 물에 담가 두고 가루 낸 뒤 잣 달인 물과 섞는다.
5 잣죽이 식으면 누룩과 밑술을 넣어 고루 치대고 항아리에 넣어 익힌다.

우리나라에서 생산되는 잣은 신라시대에도 중국으로 넘어가 신라송이라고 불릴 정도로 인기가 많았다. 잣죽은 영양이 풍부하고 향이 좋아 고급죽에 속한다.
옛날 사람들은 몸을 보하기 위해 죽, 탕, 고, 주 형태로 만들어 먹었다. 잣은 죽을 쑤거나 술을 빚어 마시면 소화흡수가 잘돼 원기회복에 도움이 된다.
잣은 지방과 단백질이 주성분으로 열량이 높고 호두나 땅콩보다 철분 함량이 높아 빈혈이 있는 사람에게 좋다. 몸이 허약하거나 영양상태가 나쁜 환자에게도 좋은 강장식품이다. 잣속에는 비타민 B군이 풍부하게 들어 있고 불포화지방산이 들어 있어 혈압을 조절해주고 피부와 모발을 윤기 있게 해준다. 다만 과식하면 지방이 많아 설사를 할 수도 있다.
송자주는 마시면 온갖 병을 물리친다고 했는데 잣의 영양분이 고스란히 담겨 있으니 가능한 일이다.
송자주에서는 잣 향이 살짝 느껴진다. 뒷맛은 생각보다 느끼하지 않고 술맛이 부드럽다. 잣의 섬세한 매끄러움이 잘 느껴진다.

Tip

〈정조지〉에 실린 잣에 대한 내용

맛이 달고 성질이 약간 따뜻하며 독이 없다. 오장을 적시고 허기지지 않게 한다.《개보본초》
신라의 잣은 맛이 달고 좋으며 성질은 매우 따뜻하다. 여러 풍을 주치하고 장과 위를 따뜻하게 한다.
오래 복용하면 몸을 가볍게하고 수명을 늘리며 늙지 않는다.《해약본초》

핵도주

원기를 북돋아 주는 약술

핵도주

빚는 방법은 향온주(香醞酒) 빚는 법과 같고 껍질을 제거한 호두 2되와 원래 넣는 누룩가루 1말을 함께 곱게 찧어 술밑에 넣고 섞어서 빚는다.《문견방》

核桃酒方

釀法如香醞, 而核桃去殼皮二升, 與原入麴末一斗, 同搗爛, 入酒本和釀.《聞見方》

이번 술은 향온주에 기본을 두고 빚었다. 술을 빚을 때 쌀을 깨끗이 씻어 하룻밤 담가 쌀 단백질과 지질을 제거하기 위해 노력하는데 핵도주(호두주)는 잣주와 마찬가지로 식물성 지방이 많이 첨가되는 술이다. 술이 완성된 독을 보면 기름기가 떠 있는 모습을 보게 되는데 일반적인 술과는 조금 거리가 있다. 핵도주 역시 송자주처럼 일상에서 마시기보다 몸이 허약한 이들에게 부족한 기운을 보태기 위해 빚었을 것 같다.

※ 호두 800g을 기준으로 재료를 계량하여 술을 빚었다.

● **재료**

호두 800g
멥쌀 4kg
찹쌀 400g
끓인 물 5.5L
향온곡 150g
밑술 250mL

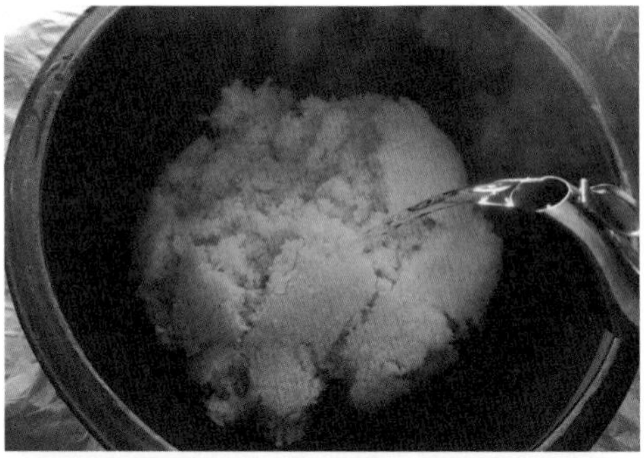

2

3

5

● **술 빚는 법**

1 멥쌀, 찹쌀을 깨끗이 백세하고 하룻밤 불려 고두밥으로 쪄낸다.
2 물을 끓여 고두밥이 쪄지면 바로 합해 밥에 물이 다 스며들면 자리에 널어 식힌다.
3 호두는 껍질을 제거하고 향온곡과 함께 곱게 찧는다.
4 고두밥과 밑술 그리고 빻은 호두와 껍질을 합해 치댄다.
5 고루 치대기를 마치면 항아리에 넣어 익힌다.

핵도주 역시 송자주와 마찬가지로 기름기가 많아 일상에서 마시기보다는 허약한 기운을 보충해 주기 위해 약술로 마신 듯하다. 술이 완성된 독을 보면 기름기가 떠 있어 일반적인 술과는 다르다. 핵도주는 향온곡을 사용해 빚었다. 향온곡은 궁중의 내국에서 내국법온(향온주)을 빚을 때 쓰는 누룩이다. 통밀과 통보리, 녹두를 사용하고 약쑥 위에서 한 달간 발효시켜 만든다. 향온곡은 며칠 동안 법제해서 쓴다. 호두는 뜨거운 물에 담가 속껍질을 벗겨야 쓴맛이 없다.

호두는 사람의 뇌를 닮았고 실제 불포화지방산이 풍부해 피부와 두뇌건강에 도움이 된다. 호두는 기름기가 많아 폐를 촉촉하게 해준다. 기침이 심한 사람은 호두기름을 먹으면 기침이 완화된다. 호두는 혈관벽을 튼튼하게 해줘 심장을 보호해준다.

고기를 먹기 힘들었던 옛날에는 잣이나 호두 같은 식물성기름은 건강을 지켜주면서도 풍미가 있어 귀한 대접을 받았다. 일상생활에서도 방수, 발수, 광택제로 다양하게 쓰였다.

핵도주가 완성되어 시음해 보니 의외로 목 넘김이 가볍다. 여름철에 빚어 산미가 있지만 기름기 있는 핵도주에 잘 어울린다. 간편하게 빚은 술에 견과류를 즙 형태로 넣어 발효시켜 마셔보는 것도 괜찮을 듯하다.

Tip

〈정조지〉에 실린 호두에 관한 내용

호두는 맛이 달고 기운은 뜨거우며 껍질은 껄끄럽지만 호두살은 윤택하다. 다만 호두의 성질은 뜨거워 신장과 폐로 들어갈 수 있으니 오직 허한(噓寒)한 사람에게 좋지만 담화(痰火)로 열이 쌓인 사람은 많이 먹으면 좋지 않다.《본초강목》

신장을 보하고 소변을 잘 통하게 한다. 치아가 벌어졌거나 신 음식에 치아가 상한 사람이 먹으면 낫는다. 석성금《석씨식감본초》

포도주

술의 역사, 술의 시원

포도주

포도주는 2가지 종류가 있는데 증류주가 있고 빚은 술이 있다. 빚는 방법은 포도즙과 큰 누룩을 같이 취하여 보통 찹쌀고두밥으로 빚는 방법과 같이 한다. 포도즙이 없으면 건포도가루를 써도 좋다. 위문제(魏文帝)가 말한 '포도로 술을 빚으면 누룩과 쌀로 빚은 술보다 달며 잘 취하고 쉽게 깬다'는 것이다. 혹은 포도를 오래 저장해도 저절로 술이 되어 향기롭고 달며 진하고 독하다고 하니 이것이 진정한 포도주이다.《본초강목》

빚는 방법: 포도즙 1말을 취하여 누룩 4냥을 넣고 고루 저은 뒤, 독 안에 넣고 아가리를 봉하여 두면 저절로 술이 되며 향기 또한 뛰어나다.《준생팔전》

葡萄酒方

葡萄酒有二様, 有燒酒, 有釀酒. 釀法, 取葡萄汁同大麴, 如常釀糯米飯法. 無汁, 用乾葡萄末亦可. 魏文帝所謂, '葡萄釀酒, 甘於麴米, 醉而易醒'者也. 或云: 葡萄久貯, 亦自成酒, 芳甘酷烈, 此眞葡萄酒也.《本草綱目》

法: 用葡萄子取汁一斗, 用麴四兩, 攪均, 入甕內封口, 自然成酒, 更有異香.《遵生八牋》

예전에 할머니댁에 놀러 갔었을 때의 일인데 20년도 더 된 일인 듯하다. 할머니가 부엌으로 불러 무언가를 주신 적이 있었는데 포도를 설탕에 절여 놓은 것이었다. 발효가 되어 시큼하면서도 달달한 것을 맛보라고 주셨던 일이 생각났다. 〈정조지〉 속 포도주에 몇 가지 설명이 있는데 《본초강목》에서는 포도를 오래 저장해 저절로 술이 되는 것이 진정한 포도주라고 했다. 원시적인 방법이 재미있으면서도 그 맛이 궁금해진다.

● 재료

포도 7kg(포도알 기준)
물 3L
누룩 300g

2

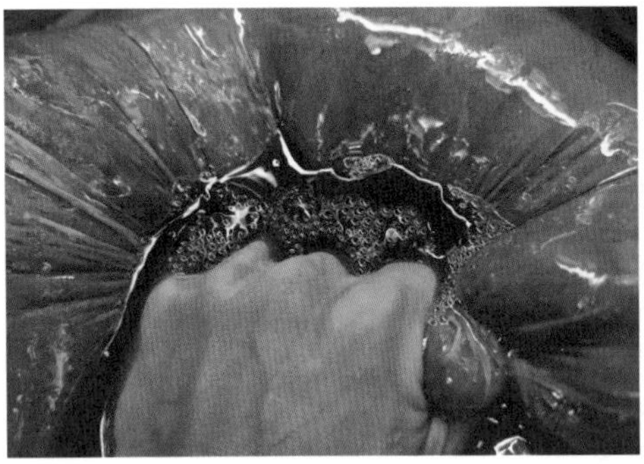

4

5

● 술 빚는 법

1 포도를 깨끗이 씻으며 알알이 송이에서 떼어낸다.

2 알만 건져내 냄비에 옮긴 후 분량의 물을 넣고 끓인다.
(생즙을 낼 수 있는 착즙기가 있으면 이를 사용해 포도즙을 받는다.)

3 물이 끓기 시작하면 중약불로 줄여 포도가 잘 짜질 수 있게 충분히 끓인다.

4 다 되면 완전히 식을 때까지 기다렸다 짜서 즙만 받아낸다.

5 누룩과 고루 섞은 후 항아리에 두어 익힌다.

포도는 따서 그대로 설탕을 부어 놓으면 달달한 술이 된다. 달고 알코올기 도는 포도즙을 마시면 배고픈지 모른다.

우리에게 친숙한 포도주는 서양의 와인처럼 통째로 과일을 따서 밟아 으깨 포도주를 만들어 발효시키는 방법이다. 〈정조지〉 속 포도주는 포도즙을 취해 술을 빚거나 건포도가루를 활용하라고 되어 있다. 포도를 오래 저장하면 저절로 술이 되는 법도 알고 있었지만 누룩을 넣어 발효주를 만들었다.

포도주 고유의 맛을 살리기 위해 누룩취를 최대한 없애는 게 좋다. 1주일 이상 밖에 두어 법제했다. 포도는 《식료본초》에 술을 담가 먹으면 힘을 세게 하고 뜻을 조절한다고 나와 있다. 〈정조지〉에 포도주는 쌀과 누룩으로 만든 술보다 달고 빨리 취하고 빨리 깬다고 나와 있다. 포도에는 당분이 많고 주석산, 사과산 같은 유기산이 들어 있어 피로회복에 빠른 효과를 보인다.

누룩이 들어가 발효가 더 잘되고 포도주의 향이 가미돼 그냥 와인과는 다른 맛이다. 산미가 덜하고 부드러워 와인의 떫은맛을 싫어하는 사람에게도 거부감이 없다.

Tip

〈정조지〉에 실린 포도에 관한 내용

맛이 달고 성질이 평하면서 껄끄럽고 독은 없다. 근육과 뼈의 습비(濕痺)를 다스리고 기운을 북돋으며 힘을 배가시키고 뜻을 강하게 하여 사람이 살지고 건강하며 허기를 견디고 풍한을 참게 한다. 오래 먹으면 몸이 가뿐해지고 늙지 않으며 수명을 늘린다. 술을 빚을 수 있다. 《본경》

맛은 달면서 시고 성질은 따뜻하다. 술을 빚어 마시면 힘을 세게 하고 심지를 조화롭게 한다. 포도는 자라는 땅에 상관없이 술을 빚으면 모두 맛이 좋다. 어떤 이는 씨를 먹으면 안 되는데 갑자기 답답하고 눈이 어두워지기 때문이라고 했다. 《식료본초》

❖ 봉래춘방

청주 1병, 밀[黃蠟] 7푼, 후추 1돈을 부수어 섞고 항아리에 담아 기름종이로 두텁게 봉한다. 솥에 물을 붓고 중탕하는데, 끈으로 항아리를 공중에 매달고 강한 불로 물을 끓인다. 아침부터 하여 저녁이 되어 꺼낸다. 겨울에는 짚으로 항아리를 싸고 여름에는 조빙궤(照氷櫃, 전통냉장고)를 쓴다. 1~2일이면 다 쓰며 오래되면 맛이 변한다.【안 《거가필용》의 동양온자법(東陽醞煮法): 1말마다 밀 2돈, 댓잎 5쪽, 관청[官局]에서 취급하는 천남성(天南星) 둥근 것 반 알을 넣는다. 가을 겨울에는 천남성 환을 쓰고 봄 여름에는 밀과 댓잎을 아울러 쓴다.○《삼산방》】

蓬萊春方

淸酒一甁、黃蠟七分、胡椒一錢, 碎和盛缸, 厚封油紙. 注水於鼎, 重湯, 以索懸缸空中, 猛火沸湯, 自朝至暮乃出. 冬則以藁衣缸, 夏則照氷用之. 一二日盡用, 久則味變.【案. 《居家必用》東陽醞煮法:每斗入蠟二錢、竹葉五片、官局天南星圓半粒. 秋冬用天南星丸, 春夏用蠟竝竹葉.○《三山方》】

❖ 죽통주방

생대나무를 가져다가 마디에 구멍을 뚫어 와송주 빚는 방법과 같이 술을 빚는다.《증보산림경제》

竹筒酒方

就生竹, 節鑿穴, 釀酒如臥松酒法.《增補山林經濟》

❖ 지주방

흰 쌀 1말, 누룩가루 3되, 솔잎 썬 것 1되를 항아리에 넣고 덮개를 밀봉한다. 땅을 파서 소나무 가지로 사방을 두르고 항아리를 넣어 흙을 덮고 7달이 지나면 꺼낸다.《문견방》

地酒方

白米一斗、麴末三升、松葉剉一升, 入缸密蓋. 掘地, 以松枝四圍, 納缸覆土, 七月而出.《聞見方》

❖ 포양방(술독을 안아주어 빚는 법)

양수(羊琇)가 겨울에 술을 빚는데 사람을 시켜 독을 안게 하고는 잠깐씩 다시 사람을 바꾸었더니 술이 빨리 되고 맛이 좋았다.《어림》

抱釀方

羊稚舒, 冬日釀酒, 令人抱甕, 須臾復易人, 速成而味好.《語林》

이양류는 보통의 술 빚는 방법과 다르다는 뜻으로 봉래춘, 죽통주, 지주, 포양방 등이 있다. 이 장에서는 다양한 술 빚는 방법이 있다는 것을 보여주고자 한다. 술을 여러 차례 만들다 보면 자신만의 특기주가 나오고 이양류와 같이 남들이 생각하지 못했던 기발한 아이디어로 술을 빚을 수도 있다. 하지만 모든 기발함도 기본이 충실하지 못하면 모래 위에 쌓은 탑과 같다.

봉래춘

청주와 황밀(밀은 꿀 찌꺼기를 끓여서 짜낸 기름) 그리고 산초열매 말린 것을 부수어 섞어 항아리에 담는다. 기름종이로 두텁게 봉해 솥에 물을 붓고 중탕하는데 끈으로 항아리를 공중에 매달고 강한 불로 물을 끓이는데 아침부터 하여 저녁이 되어 꺼내준다 하였다.

죽통주

생대나무를 가져다가 마디에 구멍을 뚫어 와송주 빚는 방법과 같이 술을 빚는다 하였다.

지주

멥쌀과 누룩가루 그리고 솔잎 썬 것으로 술을 빚는데 덮개를 밀봉하여 준다. 땅을 파서 소나무 가지로 사방을 두르고 항아리를 넣어 흙을 덮고 7달이 지나면 꺼낸다 하였다.

가을이 깊어 갈 무렵 위와 같이 술을 빚어 작업실 옆 팽나무 아래에 묻었다. 술독을 묻는 계절이나 묻는 깊이를 따로 설명해주지 않아 짐작하여 할 뿐이었다. 어떤 방문에서 보면 지력을 경계하라는 말이 보이는데 이번 술은 지력으로 빚는다고 해도 과언이 아니다. 또한 김칫독을 묻어 추운 계절을 보내듯 술독도 추운 계절을 슬기롭게 날 수 있는 방법이다.

포양방(술독을 안아주어 빚는 법)

중국 진나라 때 태산에 사는 사람 양수가 겨울에 술을 빚는데 사람을 시켜 독을 안게 하고는 잠깐씩 다시 사람을 바꾸었더니 술이 빨리 되고 맛도 좋았다고 한다.

계절술로 빚었던 허클베리딸기주를 만들 때였다. 3월 초라 아직 날이 쌀쌀할 때였는데 마침 이번 술은 집에서 빚어서 포양방을 활용할 수 있었다. 정확히는 집에서 빚으며 술을 잘 익으라고 틈틈이 안아주며 잤는데, 이것이 포양방과 비슷하다고 할 수 있다.

술을 치대기할 때 사람의 체온이 술에 잘 전달될수록 효모, 효소도 빨리 활성화된다고 하니 포양방이야말로 온몸의 체온을 술에 넣어주는 기법이 아닐까 한다. 이 술이 맛이 없으면 반칙이다.

일일주

급히 술이 필요해 하루 만에 완성시킨 술

일일주

흰쌀 1말을 푹 찐다. 좋은 술 1주발, 누룩가루 2되【1되라고 쓰인 곳도 있다】를 고루 섞고 항아리에 넣어 따뜻한 곳에 둔다. 아침에 빚으면 저녁에 마실 수 있고 저녁에 빚으면 아침에 마실 수 있다. 찹쌀로 밥을 지어 빚으면 더 좋다.《사시찬요》

一日酒方

白米一斗, 爛烝. 好酒一鉢、麴末二升,【一作一升】調均入缸, 置之溫處. 朝釀夕飮, 夕釀朝飮. 以糯米作飯釀, 尤勝.《四時纂要》

<정조지>에는 일일주와 같이 하루 혹은 며칠 만에 익혀 쓸 수 있는 술을 여러개 나열해 놓았다. 일일주를 풀어 보면 '하루 걸려 만들어 마시는 술' 로 해석되나 정확하게는 술의 발효가 끝나는 시점을 일컫는 말이지만 술이 제대로 다 익었다고 보기는 힘들다.
일일주, 삼일주, 하삼청, 칠일주, 급수청 등 홀수일로 술을 익혀 사용하는 술들이 대부분인데 이로 미루어 보아 짝수보다 홀수를 선호했음을 알 수 있다.

● 재료

찹쌀 4kg
청주 500mL
누룩 350g

1

2

3

● 술 빚는 법

1 찹쌀을 깨끗이 씻은 후 하룻밤 물에 불린다.
2 다음날 쌀을 헹궈 푹 익혀 고두밥으로 쪄낸 후 발에 널어 식힌다.
3 좋은 술을 누룩과 함께 고루 치댄다. 이때 좋은 술은 청주와 탁주 구분은 없으나 비교적 발효가 잘돼 맛이 좋은 술을 택해 술을 빚는다.
4 항아리에 넣고 따뜻한 곳에 두어 발효시키면 하루면 술이 된다.

일일주는 잘 빚어진 술을 활용해 고두밥과 누룩을 좀 더 넣어 하루 만에 익혀 먹는 술이다. 일일주는 갑자기 많은 손님이 오는데 시간이 없을 때, 담가 놓았던 술이 실패했을 때 급히 담그는 법이다. 용처가 있을 때의 임시방편이지 술이 제대로 익었다고는 보기 어렵다.
〈정조지〉에는 속성주로 일일주, 삼일주, 하삼청, 칠일주, 급수청 등 홀수일로 익혀 사용하는 술들이 대부분이다.
《증보산림경제》의 일일주는 죽을 쑤어 담그고 《사시찬요》의 방법은 고두밥을 사용한다. 두 방문 모두 따뜻한 곳에 두어 술을 익히는 걸로 봐서 계절에 상관없이 빚는 술이다. 오히려 한여름은 술 때문에 불을 피우는 게 힘들 테니 구들에 불을 때는 계절에 빚는 게 편할 듯하다. 빠르게 익는 일일주는 탄산기가 있어 목 넘김이 좋고 맛은 가볍지만 나름의 술 구실을 충분히 한다.

계명주

새벽닭 우는 소리에 술은 익어가고

계명주

차좁쌀 2되로 미음을 끓이고 누룩 2근을 빻아서 미음과 합한 뒤 고르게 섞는다. 물 5말에 담가서 아가리를 봉한다. 오늘 빚으면 내일 아침 닭이 울 때는 바로 익는다. 《제민요술》

鷄鳴酒方

秫米二升, 煮作糜;麴二斤, 擣, 合米和, 令調. 以水五斗漬之, 封頭. 今日作, 明朝鷄鳴便熟.【齊民要術】

계명주는 술 빚는 방법 중 순내양류에 속하며 순내양류 술은 1~2일이나 3~4일이 지나 익는 술도 있는데 이는 빚는 방법에 따라 차이가 난다고 하였다. 〈정조지〉의 순내양류 편에는 10일이 차지 않고도 익는 것을 모아 놓았으며 그 특성상 더운 계절에 빚는 것이 좋다. 차조는 익으면 다른 곡식보다 더 고소한 냄새가 나는데 아마도 차조의 이러한 성분이 술을 더 빨리 익게 도와주는 듯하다. 또한 미음의 형태가 고두밥, 범벅, 죽보다 효모들이 먹고 활동하기 쉬운 상태여서 술이 빠르게 익는다.

1

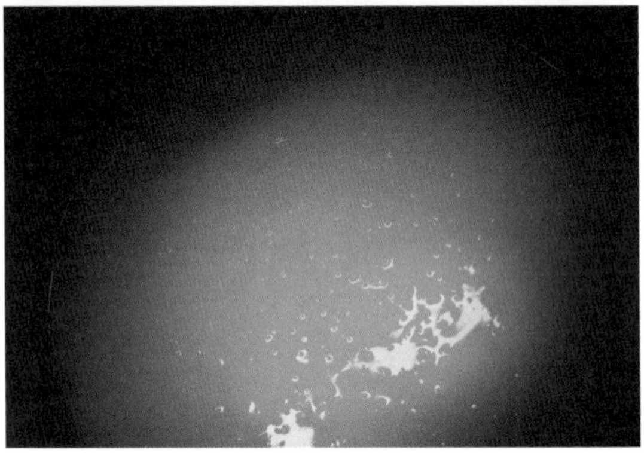

2

● 재료

차조 1kg
물 10L
누룩 500g

● 술 빚는 법

1 차좁쌀 1kg을 흐르는 물에 깨끗이 씻어 하룻밤 불린다.
2 다음날 흐르는 물에 차조를 헹구고 분량의 물과 함께 끓인다.
3 주걱으로 저어줘 바닥이 눌러 붙지 않게 오래 끓여 미음을 만든다.
4 미음이 식으면 누룩과 함께 치댄 후 항아리에 넣어 익힌다.
5 이때 술을 넉넉히 받아놓은 물에 담가두면 다음날 아침에 술이 익는다.

술이 얼마나 빨리 익는지 담그면 다음날 새벽 닭이 울 때 익는다는 술이다. 술 빚는 법 중 순내양류에 속하며 순내양류의 술은 1~2일이나 3~4일이 지나 익는 술도 있는데 빚는 방법에 따라 다르다고 했다. 〈정조지〉 순내양류 편에는 10일 이내에 익는 술을 모아 놓았고 술의 특성상 더운 계절에 빚는 것이 좋다.

차조를 미음 형태로 끓이면 술이 빨리 발효가 된다. 차조에는 아밀로펙틴 성분이 있어 술로 빚으면 발효가 잘된다. 비타민 B군과 철분, 칼슘이 풍부해 조혈기능을 도와 빈혈을 예방한다.

차조미음은 물을 10배로 잡아 푹 무르게 찌꺼기 없이 끓여야 한다. 농도가 묽고 영양이 많다보니 발효가 빠르게 된다. 산미가 금방 느껴지는 계명주방의 맛은 상쾌하면서 부드럽다.

Tip

〈정조지〉에서 실린 차조에 관한 내용

맛은 달고 성질은 약간 차다. 한열을 멈추게 하고 대장에 이롭다.
밥을 지으면 너무 찰지므로 오직 술을 빚을 수 있지만 즙은 적다. 《식물본초》
맛은 시고 성질은 뜨겁다. 끈적거리고 엉겨서 황적병이 생기기 쉬우므로 어린아이가 많이 먹어서는 안 된다. 《양생집》

이화주

하얀 눈 같아 백설향이라 불리는 술

이화주

백설향(白雪香)이라고도 한다. 1월 첫 번째 해(亥)가 들어가는 날이나 상순(上旬)에 흰쌀을 물에 담갔다가 건져내 곱게 가루 내어 고운체로 친다. 물을 쓰지 않고 이겨서 계란 만한 덩어리를 만든다. 항아리 속에 솔잎을 켜켜이 깔아가면서 펴고 방안 따뜻하지 않은 곳에 둔다. 이레가 되면 멍석이나 생베에 꺼내서 펴고 볕에 말린다. 한나절이 지나면 또 솔잎에 묻어둔다. 이와 같이 다시 한 뒤에 볕에 바싹 말린다. 종이봉투에 담아두었다가 배꽃이 핀 뒤에 빚는다.【여름이 지나도 좋다.】흰쌀을 백번 씻어 가루 내고 구멍떡을 만들어 삶아내서 식힌다. 만들어둔 누룩가루와 고루 섞어 항아리에 넣는다. 2~3일에 1번씩 뒤집어 봄에는 이레, 여름에는 세 이레면 쓸 수 있다. 더울 때는 항아리를 물속에 둔다. 술을 뻑뻑하고 달게 하려면 쌀 1말에 누룩가루 7되를 넣고, 맑고 독하게 하려면 누룩가루 3~4되를 넣고 떡 삶은 물을 식혀 섞어서 빚는다. 혹 쌀을 쪄서 밥을 지어 보통 빚는 방법대로 하기도 하고 혹은 찹쌀을 쓰기도 한다. 모두 처음부터 끝까지 맹물을 절대 금한다. 누룩 덩어리를 만들 때 너무 마르면 단단하지 못하고, 너무 질면 가운데가 썩어서 푸른 점이 있다.《사시찬요보》

梨花酒方

一名白雪香. 正月上亥日, 或上旬, 白米浸水漉出, 細末細篩. 不用水, 捏作塊, 大如鷄卵. 於甕中, 用松葉作隔層鋪, 放房內不煖處. 七日, 出鋪草薦, 或生布上, 曬乾. 半日, 又埋松葉. 如是者再次後, 曬令極乾. 藏置紙囊, 梨花開後, 釀之.【經夏, 亦可.】白米百洗爲末, 作孔餠, 煮出停冷. 以所造麴末, 拌均入甕. 數日一翻倒, 春一七, 夏三七, 可用. 熱時, 置甕水中. 欲酒稠甘, 則米一斗, 入麴末七升; 欲其淸烈, 則入三四升, 煮餠水停冷, 調釀. 或烝米爲飯, 如常釀法, 或用糯米. 皆終始, 切忌生水. 作塊時, 太燥, 則不堅; 太濕, 則中腐有靑點.《四時纂要補》

이화주는 이화곡이라 불리는 쌀누룩으로 빚는데 1월 첫 번째 해(亥)가 들어가는 날이나 1월 상순에 누룩을 만들어 배꽃이 핀 뒤에 술을 빚을 수 있다 하여 이화주(梨花酒)라 불린다. 하얀 눈과 같다 하여 백설향이라고도 불린다. 술 빚기는 물론 술이름을 짓는데도 온 정성을 다했다. 술을 빚는 데 중요한 6가지 사항이라 하여 육재(六材)를 두었는데 그중 첫째가 술 빚는 이의 마음이다.

● 재료

멥쌀 4kg
이화곡 700g

1

2

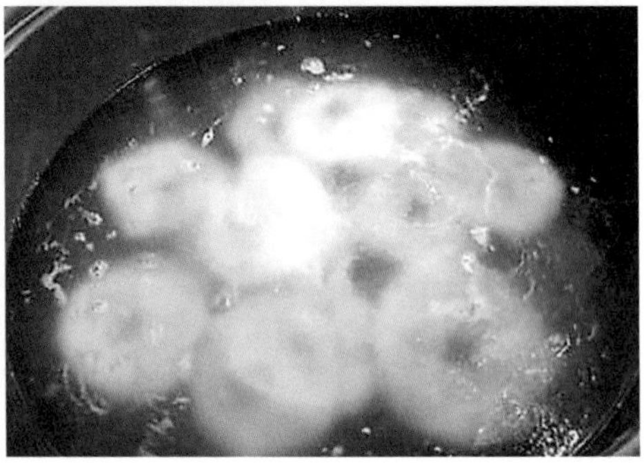

4

● 술 빚는 법

1 쌀누룩을 만든다.(누룩 만드는 법은 앞의 누룩 편에 실려 있다.)
2 분량의 멥쌀을 깨끗이 씻어 하룻밤 물에 담가둔다.
3 다음날 흐르는 물로 헹궈 건진 후 곱게 가루 내어 고운체로 친다.
4 뜨거운 물을 끼얹어 익반죽하고 구멍떡을 만들어 삶아낸다.
5 익으면 건져 자배기에 두고 식으면 쌀누룩(이화곡)가루와 함께 치댄다.
6 항아리에 넣어 2~3일에 1번씩 나무주걱으로 뒤집는데 봄에는 7일이면 익는다.
7 술을 거르면 숟가락으로 먹을 정도로 되직한데 그냥 먹어도 좋고 물을 타 먹기도 한다.

이화주는 1월 첫 번째 해가 들어가는 날이나 상순에 누룩을 만들어 배꽃이 핀 뒤에 술을 빚을 수 있다고 해서 이화주라 불린다. 하얀 눈과 같아 백설향이라고도 불린다.
이화주는 이화곡이라고 불리는 쌀을 이용한 누룩으로 만든다. 쌀가루로 구멍떡을 만들어 끓는 물에 삶아 낸다. 잘 만들어진 구멍떡은 삶은 물이 맑다. 구멍떡은 치대기하는 데 시간이 많이 걸린다. 다 익은 술은 따로 거르지 않고 먹을 수 있다. 이화주는 하얗고 부드럽고 촉촉해 떠먹는 요구르트와 비슷하게 생겼다.
떠먹을 수 있어 술을 싫어하는 사람들에게도 거부감이 없다. 맛은 쌉쌀하면서 달달하고 신맛도 가미되어 있다. 조선시대 문헌에 보이는데 유기산이 풍부하고 부드러워 먹으면 속이 편안하다고 했다. 과거에도 반가의 여성들이 다과와 함께 먹거나 식전, 식후에 주로 먹었다.
옛날의 입안을 정리해주는 디저트용 술이었던 것 같다. 누룩의 균이 잘 살아 있어 피부를 맑게 해주고 보습효과가 있어 피부미용에도 좋다. 과일이나 채소로 만든 샐러드에 뿌려 먹거나 잼을 조금 넣어 빵에 발라 먹어도 잘 어울린다.

Tip

치대기 하는 법

치대기할 때의 중요한 포인트는 속도가 아닌 정확성이다. 바른 자세를 가지고 치대기할 전체 면을 고루 치대는 것이 중요하다. 팔꿈치를 굽히지 않고 손바닥 전면으로 바닥까지 닿을 수 있게 천천히 해주어야 한다. 조금 익숙해지면 자연히 속도가 붙을 테니 처음부터 성급히 할 필요는 없다.
치대기를 하는 이유는 크게 두 가지인데 한 가지는 술의 당화 과정을 돕기 위해서이고 또 한 가지는 치대기를 하는 동안 누룩물이 쌀알에 잘 스며들도록 하기 위해서이다. 치대기를 하는 동안 손을 통해 술덧에 온기를 주고 공기를 넣음으로써 미생물들이 활동할 수 있게 도와주는 역할을 한다.

집성향

엄마 품처럼 편안한 술

집성향

민간에서는 사절주(四節酒)라고도 한다. 흰쌀 1말을 곱게 가루 내어 푹 쪄서 누룩가루 2.5되, 밀가루 5홉, 끓인 물 3병을 섞어 빚는다. 봄가을에는 4~5일, 여름에는 3~4일이 지나면 흰쌀 2말을 푹 쪄서【찹쌀이면 더욱 좋다】 누룩 없이 섞어 빚는다. 이레가 지나면 마땅히 청주 3병, 탁주 1동이가 나오고 탁주의 맛은 이화주(梨花酒)와 같다.《삼산방》

集聖香方

俗名四節酒. 白米一斗, 細末熟烝, 麴末二升五合、眞麪五合、湯水三瓶, 和釀. 春秋四五日, 夏三四日, 白米二斗, 爛烝【粘米尤好】, 無麴交釀. 七日, 當出淸酒三瓶、濁酒一盆, 而濁之味如梨花酒.《三山方》

이 술은 맛이 이화주와 같다 하였고 또한 탁주를 더욱 많이 얻을 수 있다 했으므로 물 양이 적은 술이라 볼 수 있다. 이전에 소개한 이화주는 요즘의 요구르트 질감을 내는 술인데 물 양이 극히 적은 술이다. 이러한 술들을 한 번 빚을 때 한 말 이상씩 하기 힘들어 대량으로 빚었다면 필히 발로 밟아 술을 만들었으리라 여겨진다.

＊약 반 말 독을 기준으로 새로 계량하여 술을 빚었다.

◇

밑술

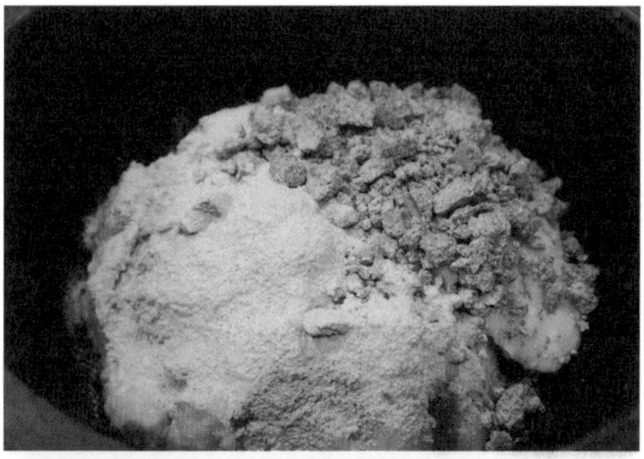

3

3

● 재료

멥쌀 2kg
누룩가루 375g
밀가루 75g
끓는 물 1.35L(+2L)

● 밑술 빚는 법

1 분량의 멥쌀을 하룻밤 물에 불리고 곱게 가루 낸다.

2 찜기에 올려 무르게 푹 쪄내고 끓는 물과 함께 고루 풀어준다.

3 떡 반죽이 다 식으면 누룩가루와 밀가루를 넣어 고루 치댄 후 항아리에 넣고 익힌다.

◇

덧술

3

● **재료**

찹쌀 4kg

● **덧술 빚는 법**

1 찹쌀을 깨끗이 백세하고 하룻밤 물에 담가둔다.

2 다음날 고두밥으로 푹 익혀 찌고 내서 차게 식힌다.

3 밑술과 합해 치댄 후 항아리에 넣어 익힌다.

* 1주일이 지나면 익어서 술이 된다고 하였는데 넉넉히 한 달은 잡고 익히는 것이 좋다.

집성향방도 이화주와 같은 앙료류로 탁주가 많이 나오고 물의 양이 적어 이화주와 맛이 비슷하다. 집성향방은 잘 쪄진 쌀가루와 밀가루가 들어가 치대기를 할 때 힘이 든다. 손에 쩍쩍 달라붙을 정도로 차지다.

빚어둔 밑술에 강한 탄산기가 올라오다 잦아들면 덧술할 시간이다. 찹쌀로 고두밥을 지어 덧술하고 숙성시킨다. 집성향은 향이 고상해 술을 마시기 전에 심신을 편안하게 해준다. '편안한 엄마 품', '은은한 백색의 향', '백자의 색이 떠오르는 향'이라는 등 다양한 평가가 나온다.

급하게 마시기보다는 천천히 향을 음미하며 봄날을 즐기기에 적합한 술이다. 술을 통해 시상을 떠올리고 음풍농월하던 옛사람들의 정취가 떠오른다.

집성향방 같이 밀가루가 들어간 술은 밀가루가 가지고 있는 효소의 도움을 받는다. 아밀라아제(amylase)는 밀가루 전분을 단순당과 맥아당으로 분해하는데 효모가 이를 발효시킨다. 효모는 포도당, 자당, 과당, 맥아당을 좋아하고 pH 4.5~5.5, 온도는 20~27도 정도에서 잘 증식한다. 효모의 작용으로 형성된 에탄올은 술의 풍미를 만들어 낸다. 젖산균과 초산균이 만드는 젖산과 초산에 의해서도 독특한 풍미가 만들어진다.

Tip

밀가루의 역할

술을 빚을 때 누룩과 밀가루를 함께 넣어 빚는 것을 종종 보게 되는데 밀가루의 역할은 술이 발효되는 동안 누룩 속의 젖산균을 활성화시키고 이 젖산균은 잡균을 막는 역할을 해준다. 그때 누룩 속 효모가 대사과정을 통해 알코올을 생성해 내고 알코올 도수가 높아짐에 따라 젖산균은 자리를 비켜주게 된다. 이렇게 도수가 높아진 술덧은 잡균이 살아가기 힘든 조건에서 좋은 술이 되어간다. 술이 만들어지는 과정은 단순해 보이면서도 미생물들의 생태계가 아주 치열하게 공존하는 환경이다. 과거부터 내려온 술 빚기 방법에 밀가루를 함께 넣는 것을 보면 현미경을 통해 미생물들의 움직임을 직접 보지는 못해도 몸으로 체득하며 술을 빚어온 선조들의 지혜가 놀랍다.

청감주

달달함이 생각날 때, 당 충전을 위하여

청감주

찹쌀 1말로 고두밥을 찐다. 누룩가루 0.5되에 물을 쓰지 않고 좋은 술 1병으로 빚는다. 그 맛이 꿀과 같다.《고사촬요》

淸甘酒方

粘米一斗, 烝飯. 麴末半升, 不用水, 以好酒一甁, 釀之. 其味如蜜.《攷事撮要》

청감주는 예류로 분류되는 술인데, 단술, 감주라고 보면 된다. 더러는 감주를 식혜라고도 부르는데 식혜는 알코올 도수가 없고 쌀과 엿기름이 주된 재료인 반면 감주는 누룩을 사용해 만들고 알코올이 포함되어 있다는 차이점이 있다. 그러므로 감주는 술에 포함되고 식혜는 음료에 포함되는 것이 맞다. 〈정조지〉 속 예류에는 우리나라의 방법으로 만든 감주, 청감주가 있고 일본의 문헌을 빌려 왜농주, 왜미림주를 소개하고 있다.

● 재료

찹쌀 8kg
술 1.8L(+1L)
누룩가루 300g

2

3

5

● 술 빚는 법

1 찹쌀을 깨끗이 씻어 하룻밤 물에 담가둔다.
2 누룩은 빻아 술 빚기 며칠 전 밖에 널어 밤낮으로 법제한다.
3 찹쌀은 흐르는 물에 헹구고 물기를 뺀 후 쪄서 고두밥을 만든다.
4 고두밥이 다 되면 갈대 삿자리에 펴 차게 식힌다.
5 자배기에 고두밥, 술, 누룩가루를 담고 고루 치대 항아리에 넣어 익힌다.

청감주는 예류로 분류되는 술인데 단술, 감주를 뜻한다. 감주는 식혜를 말하기도 하는데 식혜는 쌀과 엿기름으로 만들어 알코올 도수가 없고 감주는 누룩을 사용해 알코올이 포함되어 있다는 차이가 있다. 감주는 술에 포함되고 식혜는 음료에 포함되는 이유다. 〈정조지〉 속 예류에는 감주와 청감주가 일본식 왜농주와 왜미림주와 함께 나와 있다.

청감주방은 감주방과 달리 물 대신에 술 1병을 넣어 발효시킨다. 왜미림방은 물 대신에 소주를 사용해 발효시킨다. 물 대신에 술을 써서 발효시키면 수분이 적어 발효하는 데 시간은 걸리지만 더 달고 입에 감기는 맛의 술을 얻을 수 있다.

겨울이라 술이 익는 데 2달 가량 걸렸고 술독에서는 달큼한 꿀 향이 나고 봄꽃의 향도 올라온다. 숙성실 온도가 14도 정도라 조금 더 숙성시킨 뒤 걸렀다. 술 향이 깊어지고 상큼하면서 더 잘 익은 향이 난다. 맛이 달아 여자들이 좋아하고 술지게미로는 과자를 구워 먹을 수 있을 것 같다.

Tip

쌀의 양과 물의 비율에 따라 술의 당도 또한 변할 수 있는데 순수 쌀에서 나온 단맛으로도 들큼한 꿀과 같은 맛을 낼 수도 있다. 이렇듯 우리 술도 디저트 와인같이 음식의 궁합에 맞는 다양한 맛의 술을 연출해 낼 수 있다.

소주 총방

한 방울 한 방울 이슬을 받아내다

소주 총방

화주(火酒)라고도 하고 아랄길주(阿剌吉酒)라고도 한다. 소주는 오래된 조주법이 아니다. 원나라 때부터 처음 그 조주법이 만들어져 진한 술을 술지게미와 섞어서 시루에 얹고 쪄서 김이 올라오게 하여 그릇에 떨어지는 소주를 받는 것이다. 무릇 시어서 버릴 술은 모두 소주를 골 수 있다. 근래에는 오직 찹쌀이나 멥쌀, 기장이나 수수, 보리를 쪄 익혀서 누룩과 섞어 빚어 독에 7일간 두었다가 시루에 쪄서 취한다. 그 맑기가 물과 같고 맛은 매우 진하고 독하니 대개 술의 정화이다.《본초강목》

燒酒總方

一名火酒, 一名阿剌吉酒. 燒酒, 非古法也. 自元時始創其法, 用濃酒和糟入甑, 烝令氣上, 用器承取滴露. 凡酸壞之酒, 皆可烝燒. 近時惟以糯米或粳米或黍或秫或大麥烝熟, 和麴釀甕中七日, 以甑烝取. 其淸如水, 味極濃烈, 蓋酒露也.《本草綱目》

〈정조지〉 속 소주 편에는 다양한 소주가 등장하는데 죽력을 이용한 죽력고, 보리쌀로 만든 모미소주, 밀을 이용해 빚은 소맥노주, 메밀을 이용한 교맥노주, 감저소주, 포도소주 그리고 여름을 나는 과하주까지 재료부터 방법까지 다채롭다. 이렇게 다양하게 빚는 소주는 소줏고리라는 증류기를 이용해 한 방울 한 방울 이슬처럼 받아내는데 그래서 노주(露酒)라고도 불렸으며 화주, 한주, 기주, 약소주 등의 이름으로도 불렸다.

● **재료**

발효주 7L
물 3L

3

4

5

● **술 빚는 법**

1 물 1L를 냄비에 넣고 끓인다.
2 물이 끓을 때쯤 발효주 2L, 물 2L를 순서대로 끓인다.
3 발효주 2L, 3L를 나눠 위의 방식대로 끓이고 소줏고리를 올리고 불을 줄인다.
시룻번을 붙이고 위에 냉각수를 두어 소주의 초류가 나오면 약 2잔 분량을 버린다.
4 대나무로 만든 귓대를 연결해 소주를 받는다.
5 2L 가량 소주가 받아지면 멈추고 소주를 용기에 담아 숙성시킨다.

〈정조지〉 속 소주 편에는 다양한 소주가 등장한다. 죽력고, 모미소주, 소맥노주, 교맥노주, 감저소주, 포도소주, 과하주 등 재료부터 방법까지 다채롭다. 소주는 소줏고리라는 증류기를 이용해 한 방울 한 방울 이슬처럼 받아내 노주로도 불렸다. 화주, 한주, 기주, 약소주 등의 이름으로도 불렸다.

이수광의 《지봉유설》에는 "소주는 몽골에서 왔는데 약으로나 쓸 뿐이지 함부로 마시면 감당하지 못한다. 그래서 사람들은 작은 잔을 소주잔이라고 한다."고 하였다. 소주의 기원을 정확히 알 수는 없으나 알코올의 증류법은 아랍의 명의였던 이븐 시나가 발명하였고 이를 이용해 몽골제국에서 소주를 만들었다고 전해진다. 우리나라에서는 개성과 안동, 제주도 등지에서 많이 빚기 시작했다.

〈정조지〉에 나오는 소주 중 관서계당주의 제법을 보면 소주 한 병을 만들기 위해 들인 공을 짐작할 수 있다.

"술병마다 단향 십여 근을 태워 그 연기를 쐬어 옻칠한 것처럼 한다. 그런 뒤에 두 번 고은 소주에 진귀하고 보배로운 향료를 넣은 후 술병에 넣어 밀랍으로 봉하고 흙속에 2~3년 묻어두고 불기운이 완전히 날아가면 꺼내어 쓴다."고 하였다.

우리나라 음식이 세계에 내놔도 손색이 없는 이유는 발효 때문이다. 편리함과 생산성을 좇아 나온 희석식 소주가 시간과 공을 들여 만든 전통주를 압도하고 있는 현실이 안타까운 이유다.

내국홍로

최고의 정성으로 빚은

내국홍로

빚는 법은 향온주와 같으나 누룩은 2말로 제한한다. 향온주 3병을 고면 2복자가 나온다. 술을 받을 때 자초(紫草) 1냥을 잘게 썰어 병 아가리에 두면 붉은빛이 진하고 깊다. 또 내의원[內局]에서는 청주를 은그릇으로 고아내므로 외부의 소주와는 같지 않다.《문견방》

內局紅露方

釀如香醞, 而麴則二斗爲限. 香醞三甁, 燒出二鐥. 承露時, 以紫草一兩 ,細切, 置于甁口, 則紅色濃深. 且內局則以淸酒用銀器煮取, 故與外處燒酒不同.《聞見方》

연한 붉은색이 매력적인 내국홍로는 자초, 지초, 지치라고 불리는 약재를 통해 색을 얻는다. 지초는 과거에 집안 상비약으로 두고 사용하였을 정도로 흔하면서도 귀한 재료다. 술을 고아 병에 떨어질 때 병 입구에 지초를 두고 술을 받으면 알코올 성분에 의해 색이 쉽게 우러나와 무색투명한 소주에 색이 든다. 궁중 내의원에서는 소주를 내리기 위해 은그릇에 고아 냈다고 한다.

● **재료**

향온주 7L
물3L
자초 10g

4

● **술 빚는 법**

1 물 1L를 냄비에 넣고 끓인다.
2 물이 끓을 때쯤 향온주 2L, 물 2L를 순서대로 끓인다.
3 향온주 2L, 3L를 나눠 위의 방식대로 끓이고 소줏고리를 올리고 불을 줄인다.
4 밀가루로 시룻번을 만들어 붙이고 위에 찬 물을 두어 소주의 초류가 나오면 약 2잔 분량을 버린다. 병 입구에 지초를 두어 소주가 지초를 적시고 내려갈 수 있게 한다.
5 2L 가량 소주가 받아지면 멈추고 소주를 용기에 담아 숙성시킨다.

연한 붉은색이 매력적인 내국홍로는 자초, 지초, 지치라는 약재를 통해 색을 얻는다. 자초는 뿌리가 붉은 보랏빛을 띠며 열을 내리고 독을 풀어주고 염증을 없애줘 민간에서는 오랫동안 소화제, 부인병 치료제 등으로 쓰였다.

진도의 홍주도 지치를 써서 만드는 약용 증류주다. 내국이란 조선시대에 술을 관리 감독하던 기관인데 여기서 만든 술이 내국홍로다. 내국홍로는 청주인 향온주를 내리고 은그릇을 사용한다. 이런 술은 왕에게 바치는 술이었을 것이다. 은(銀)은 성질이 평하고 오장을 편하게 해주며 인체에 무해하다. 독이 있는지 감별하기 위해 식기로 쓰였다.

내국홍로는 빛깔이 곱고 도수가 높다. 뒷맛이 불같이 깔끔한 술은 조금씩 음미하며 마시는 고급술이다. 술을 내릴 때는 냉각수를 12번 바꿔주면 맛이 고르고 순하고 8~9번 바꾸면 독하다고 〈정조지〉 노주 2말 내리는 법에 나와 있다. 냉각수에 얼음을 타서 쓰면 효율적이다. 강한 맛을 중화하기 위해 꿀을 쓰면 감홍로가 된다. 관서감홍로는 추위를 잊기 위해서 마셨다. 이런 명주가 널리 알려져 술의 가치를 귀히 여기며 음미하는 술문화가 정착되었으면 한다.

이강고

음식을 조리하듯 빚은 술

이강고

아리(鵝梨, 배의 한 품종)의 껍질을 벗기고 기왓장 위에서 갈아 즙을 받고 명주 주머니에 걸러서 찌꺼기를 버린다. 생강도 즙을 받아 찌꺼기를 버린다. 배와 생강과 백밀을 잘 섞어 소주병 안에 쏟아 붓고 중탕하여 꺼내 쓴다. 죽력고(竹瀝膏) 만드는 방법과 같다. 《증보산림경제》

梨薑膏方

鵝梨去皮, 瓦石上磨取汁, 絹帒濾去渣. 生薑亦取汁, 濾渣. 白蜜調和, 傾入燒酒瓶內, 重湯, 取用. 如竹瀝膏法.《增補山林經濟》

이강고는 소주에 배와 생강 즙을 결합시켜 새로운 궁합을 만들어낸 술이다. 배의 차가운 성질과 생강의 따뜻한 성질이 잘 조화를 이뤘다. 하지만 배의 성질은 폐에 도움을 줘 기관지 질환에는 이롭지만 비장과 신장에는 좋지 않을 수 있다. 이강고는 기호성이 강한 술로 잘 알고 마시면 충분히 약이 될 수 있다.

● 재료

소주 1L
배 3개
생강 3톨
꿀 50mL

1

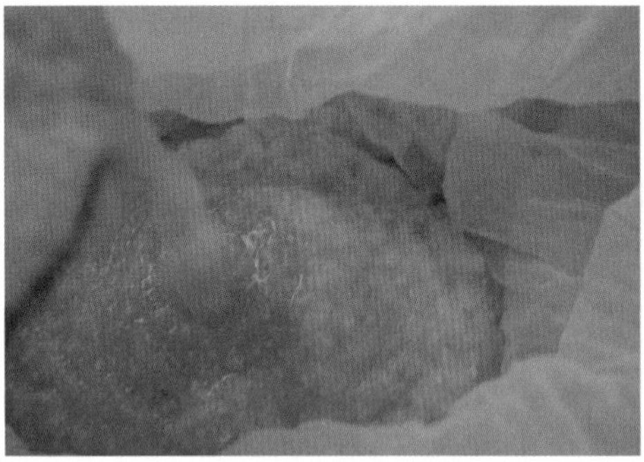

3

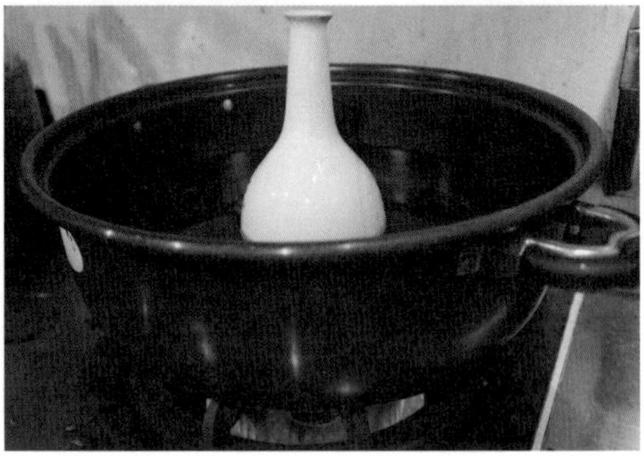

5

● 술 빚는 법

1 발효주를 소줏고리를 이용해 소주를 받는다.
(전체 술 양의 약 3%인 메틸알코올 함량이 많은 초류는 버린다.)

2 배와 생강은 깨끗이 씻어 껍질을 벗겨 갈아준다.

3 고운 천을 이용해 배와 생강을 짜내 즙만 취한다.

4 배와 생강 즙 그리고 꿀을 고루 섞은 후에 소주가 담긴 병에 넣는다.

5 냄비에 물을 넉넉히 받고 소주병을 넣어 중탕해 소주를 익힌 후 마신다.

이강주는 조선시대 중엽부터 제조되어 내려온 전라도의 고급 약소주다. 소주에 배와 생강이 들어가고 꿀로 감미를 더한 술로 약의 의미로 이강고로도 불렸다. 전주는 이서 배와 봉동 생강이 유명해 이강고를 만드는 데 적합한 지역이다. 최남선은《조선상식문답》에서 관서 감홍로와 전주 이강주, 정읍 죽력고를 조선의 3대 명주로 꼽았다. 남북정상회담 때 우리 대표가 북에 가져간 술이 바로 전주 이강주였다.

이강고는 소주의 알코올향에 배즙의 깔끔한 단맛과 꿀의 부드러운 단맛, 생강의 매운맛이·어루러져 독하지 않으면서도 입에 착 달라붙는 맛이 있다. 생강과 꿀이 들어가 숙취가 없다.

음식을 만들 듯 증류한 소주에 배즙, 생강즙을 넣고 꿀로 감미해 만든 점도 흥미롭다. 중탕을 해서 서로 잘 어우러지게 조리하듯 마무리해 숙성시켜 마신다.

Tip

〈정조지〉에 실린 배와 생강에 관한 내용

배 배는 많이 먹으면 비장을 동하게 하지만 적게 먹으면 병에 이르지는 않는다.
오직 술병으로 번갈증이 있는 사람이 먹으면 매우 좋다.《본초연의》
폐를 적셔주고 심장을 서늘하게하며 담을 삭이고 화기를 내려주며 창독(瘡毒)과 술독을 풀어준다.《본초강목》

생강 생강을 오래 먹으면 열이 쌓여 눈에 탈이 나는데, 여러 번 시험해도 같은 결과였다.
일반적으로 치질을 앓는 사람이 생강을 술과 함께 많이 먹으면 치질이 발동한다.《본초강목》
맛은 맵고 성질은 약간 따뜻하며 독은 없다. 오래 먹으면 나쁜 냄새를 없애고 신명을 통하게한다.《신농본초》

《동의보감》 속 술에 관한 내용

❖

30일 동안 음식을 먹지 않고 지내는 법

흉년에 식량을 구할 수 없을 때 멥쌀 1되를 술 3되에 담갔다가 술이 다 없어질 때까지 햇볕에 말린다. 이렇게 말린 멥쌀을 조금씩 먹는데 갈증이 나면 찬물을 마신다. 이와 같이 하면 30일 동안 음식을 먹지 않고도 지낼 수 있다. 이처럼 멥쌀 1말 2되를 준비하면 1년 동안 음식 없이 살 수 있다.

소갈(당뇨병)의 원인과 증상을 다룬 시

소갈, 소중, 소신 병은 오장 삼초 허열일세
방장 홀로 얼음같아 기화작용 못한다네
물만 찾아 쉴 새 없고 오줌 또한 멎지 않네
뼈는 차고 겉은 타며 심장 폐장 터지는 듯
그 원인을 찾아보니 한두 가지 아니로세

술을 즐겨 지내먹고 고기 굽고 볶았으며
술 취한 후 방사하고 노력 또한 지나쳤네
물 마시고 밥 먹는 것 날을 따라 늘어나니
살은 점점 빠져가고 정액, 골수 마른다네
꿀과 같은 단 오줌은 기름같이 미끄럽고
입은 쓰며 목은 타며 혓바닥은 핏빛일세
삼소(소갈, 소중, 소신) 증상 이러하면 위험하기 짝 없는데
신선의 처방이 진실된 묘방이라네

시구에서 노래하는 것처럼 술과 고기를 즐기고, 술 마신 후 방사하고, 날마다 과식하면 소갈 곧 당뇨병으로 귀결된다.

술이 지나쳐 생긴 병, 주달

주달이란 술로 생긴 황달을 말한다. 오줌이 잘 나오지 않고, 가슴과 발바닥이 달아오르며, 잘 먹지 못하면서 때로는 토하려고 한다. 대체로 사람마다 술 마시는 양이 다른데 1말을 마셔도 취하지 않는 사람이 있는가 하면 입에 대기만 해도 곧 취하는 사람이 있다. 술은 발효시켜서 만든 것이므로 열독이 심하다. 그러므로 여러 혈맥에 계속 스며들어가서 황달이 생기게 한다. 뿐만 아니라 피부로 넘쳐나면 몸이 검게 되고 붓는다. 그리고 청도로 들어가면 눈이 노랗게 되고 코가 막히는 등 여러 가지 증상이 생긴다. 이렇 듯 많은 경우 주달은 더 심각한 증상으로 변하기 때문에 오달 중 가장 위중하다. 주달에는 반온반열탕 등을 쓴다.

제 3 장

계절별로 빚어 본 우리 술

마지막 장에서는 〈정조지〉 속의 술을 빚으며 깨달은 점을 토대로 다양한 방식의 술 빚기를 시도해 보고 기록했다. 사계절에 나오는 풍부한 재료로 빚은 술 이야기를 시간의 흐름과 함께 담아내려 노력했다. 막걸리를 베이스로 여름의 허브와 꽃들을, 계절마다 어김없이 열리는 과일들을 활용해 청주와 탁주를 빚었다.
다양한 주조법을 통해 만들어진 술에 어울리는 음식을 접목시켜 주안상을 차렸다. 소박한 음식부터 한껏 솜씨를 부린 음식까지 우리 술은 잘 어울린다. 서양 요리와도 잘 어울리는 짝이다. 우리 술도 전통의 장점은 취하면서 시대의 흐름에 맞춰 변화해야 한다. 이러한 시도가 소통의 매개체로 거듭나 술을 빚고 마시는 이들에게 도움이 되길 바란다.

허클베리딸기주

모험 삼아 도전해 본 술

2

5

● 재료

딸기 6kg
오디 2kg
자일로스 설탕 3kg
효모 8g
청주 100mL
찹쌀 1.5kg
엿기름 200g

● 만들기

1 딸기 꼭지를 떼고 대야에 물을 받아 살살 씻어준 후 채반에 널어 물기를 뺀다. 이스트는 따뜻한 설탕물에 넣어 하룻밤 둬 배양액을 만든다.

2 용기에 오디, 딸기, 설탕, 딸기, 설탕 순으로 켜켜이 쌓고 청주와 효모 배양액을 넣는다.

3 이틀 뒤 찹쌀로 죽을 쑤고 엿기름은 팬에 살짝 볶아 수분을 날리고 약 65°C 물에 3시간 가량 둔다. 그 후에 엿기름물을 체에 걸러 죽과 함께 섞는다.

4 죽이 차게 식으면 딸기술에 넣어 주걱으로 고루 섞이게 저어준다.

5 발효가 되는 초반에는 술이 든 용기의 온도를 따뜻하게 하고 상황을 보며 틈틈이 휘저어 섞는다. 술이 다 익으면 짜서 병에 넣어 후숙 과정을 거친다.

딸기는 비타민 C가 많고 색도 고와 잼이나 주스, 떡, 케이크 등에 다양하게 이용된다. 이 지역의 특산품인 삼례 딸기를 이용해 딸기주를 담가 보기로 했다. 색을 보완하기 위해 오디를 넣고 과즙이 잘 빠지도록 딸기와 켜켜이 설탕에 절이고 청주와 효모 배양액을 넣었다. 찹쌀죽을 엿기름으로 삭혀 딸기술과 섞어 따뜻한 곳에서 숙성한 후 후숙성시켰다.

숙성 과정에서 발효 온도가 낮아 집에서 틈틈이 안아주는 포양법을 썼다. 그 정성 덕분인지 술이 잘 익었다. 설탕은 자작나무나 메이플 등 자연 성분에서 나온 자일로스설탕을 썼다. 입자도 곱고 몸에 덜 흡수되는 건강 설탕에 엿기름을 써 은은한 단맛을 냈다.

건강한 단맛에 대한 관심이 높아 시도해 봤고 청절임과 효모, 엿기름을 활용해 최대한 발효가 잘되도록 유도했다. 《허클베리 핀의 모험》 속 주인공처럼 자유롭게 만들어 본 술이다.

봄이라 텃밭에는 잎 채소들로 무성하다. 옆집 아주머니께서 나눠준 잎들깨를 키워내 따고
치마상추도 어느덧 먹을 만큼 자라서 땄다. 잎상추, 봄배추, 적채를 곁들이고
잘 익은 탁주 한 잔과 함께 봄을 만끽한다.

쑥건포도주

봄에 빚기에 최적인 술

2

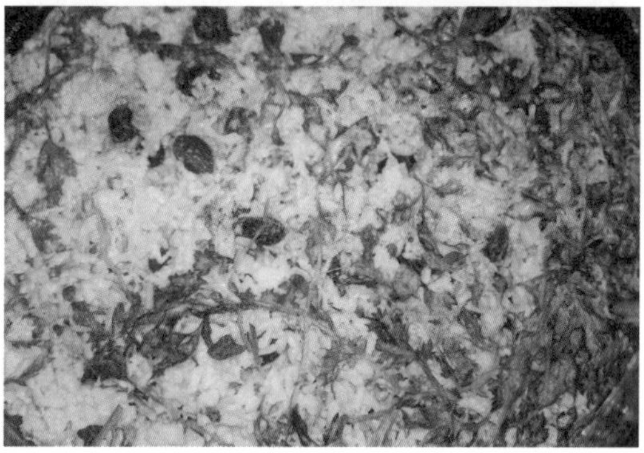

3

● **재료**

찹쌀 4kg
쑥 200g
건포도 300g
누룩 400g
물 5L

● **만들기**

1 찹쌀을 하룻밤 물에 담가두고 누룩은 분량을 물에 넣어 수곡을 만든다.
2 찹쌀을 건져내 고두밥을 찌는데 뜸들이는 과정에 쑥을 넣는다.
3 뜸들임이 절반쯤 되었을 무렵 건포도를 넣고 마저 찐다.
4 다 쪄진 밥을 발에 널어 차게 식히고 수곡된 물을 체에 걸러 함께 자배기에서 치댄다.
5 고루 치댄 후 소독된 용기에 넣고 술을 익혀간다.

4월은 쑥이 한창이다. 쑥쑥 자라서 쑥이라 한다. 쑥은 '쑥색'이라는 낱말이 따로 있을 만큼 우리에게 친숙한 풀이다. 여린 쑥으로 향을 내고 건포도로 단맛을 낸 쑥건포도주가 어울리는 계절이다.

쑥의 향기는 치네올이라는 성분인데 유해균을 죽이고 소화를 돕고 해독 작용이 뛰어나다. 쑥은 혈액순환이 잘되게 돕고 몸을 따뜻하게 해준다. 건포도는 특유의 단맛이 응축되어 있고 마그네슘, 칼슘, 구리, 철분, 식이섬유가 풍부하다.

고두밥을 찔 때 쑥을 먼저 넣고 찌다가 건포도를 넣어 준다. 쑥 향을 살리기 위해서는 쑥가루나 마른 쑥을 넣어도 좋다. 쌉싸래한 맛이 돌아 소화를 잘되게 해주고 입안을 정리해주는 식후주로 제격이다.

공주 원골 자연미술의 집에 갔다. 지천으로 쑥이 올라와 있으니 지나칠 소냐.
여린 쑥을 따와 물에 밀가루를 풀고 소금 간을 조금 한 뒤에 쑥을 담가 지져낸다.
이에 질 소냐, 공주 막걸리 한 잔 거드니 입속이 행복하다.

진피매화주

젊은이들 입맛을 사로잡은 술

3

4

● **재료**

멥쌀 3kg
건조 진피 80g
건조 매화 25g
누룩 175g
청주 1L
탕수 3L

● **만들기**

1 분량의 멥쌀을 술 빚기 하루 전날 백세하여 물에 담가둔다.
2 다음날 쌀을 깨끗이 헹궈 건져내고 고두밥을 만든 뒤 차게 식힌다.
3 건조 진피와 건조 매화 그리고 누룩과 청주, 탕수를 식혀 함께 버무린다.
4 고루 버무려 치댄 후 항아리에 잘 넣어 갈무리한다.
5 술이 다 익으면 술주자에 올려 거른다.

마른 진피와 매화는 향이 좋아 제철에 말려둔 것이다. 진피는 예로부터 약재로 쓰였는데 비위를 다스리고 소화불량을 해소시켜 준다. 기침, 가래, 감기 예방에도 도움이 된다. 매화꽃은 말려 차로 마시거나 술로 만들어 마시면 소화를 돕고 가슴이 답답할 때 속을 뚫어준다.

진피는 정유 성분이 있어 술로 담그면 향기가 올라온다. 마른 매화꽃도 은은하고 고상한 향을 가지고 있다. 조향사가 향수를 빚듯 진피매화주는 감귤과 매화의 향이 어우러져 마시는 사람의 정신적 스트레스까지 날려줄 수 있다.

정신노동을 많이 하고 스트레스를 많이 받는 현대인에게 꼭 필요한 술이다. 향을 가까이하는 사람은 자연으로부터 위안을 받을 수 있다. 속도 편안하게 해주고 몸과 마음을 따스하게 해주는 진피매화주로 몸의 활력을 되찾아보자.

봄, 밭 한 구석의 대나무 밭을 기웃거리는데 죽순이 보인다.
잘되었다 싶어 몇 개 끊어와 뜨거운 물에 금방 데쳤다.
죽순을 안주 삼아 잘 익은 술 한 잔 하니 이건 또 무슨 조화인가? 너무도 좋다!

쑥갓꽃주

보기 좋은 술이 마시기도 좋다

2

2

● 재료

미니 수박 1통
쑥갓 꽃
청주

● 만들기

1 수박의 윗부분을 자른 후 속을 파낸다.

2 잘 익은 청주를 붓고 쑥갓 꽃을 넣어준다.

3 하루 내지 이틀 후 쑥갓 꽃을 걸러내고 술은 따로 병에 넣어 마신다.

사진 촬영을 나갔다가 밭 두렁가에 던져진 작은 수박을 발견했다. 갈라보니 속은 빨간데 물컹하고 달지도 않다. 20살 때 조나단이라는 패러글라이딩 동아리에서 마시던 수박주가 생각났다. 철모 같은 수박통에 술을 담아 의식을 치르듯 마셨다.

수박은 속을 파내고 청주를 붓고 밭에서 갓 따온 쑥갓 꽃을 띄웠다. 쑥갓 꽃은 작지만 국화를 닮아 노랗고 향도 쌉싸래하다.

야생화처럼 작고 갸냘프지만 작은 수박과 잘 어울린다. 수박 속에 부은 술은 하루 정도 숙성시켰다. 과실을 이용한 술은 오래 둘 필요가 없다. 쑥갓 꽃잎의 색소가 빠지면 마셔도 된다. 시음해보니 쑥갓 향이 은은하게 올라와 소박하면서도 운치 있는 술이 되었다. 쑥갓 향은 알파 피넨, 벤즈알데히드 같은 유기 화합물이 기관지를 확장시켜 주고 자율신경을 자극해 소화를 촉진한다.

모시송편 먹다 막히는 목을 막걸리 한 모금 마시며 달래던 날,
배는 불러오고 알싸한 기분 더없이 좋네.

치즈오디주

치즈와 오디의 새로운 조합

1

4

● **재료**

찹쌀 4kg
파르미지아노 레지아노 치즈 500g
오디 500g
누룩 350g
물 5L

● **만들기**

1 치즈를 곱게 갈아 햇볕에 널어 수분을 날린다.
2 찹쌀은 깨끗이 씻어 하룻밤 불려 고두밥으로 찐다.
3 고두밥이 식으면 끓여 식힌 물과 누룩을 넣어 고루 치댄다.
4 치대기를 마쳐갈 즈음 치즈와 오디를 함께 넣고 고루 섞은 후 마무리한다.
5 따뜻한 곳에 두어 발효를 시키고 완성되면 차가운 곳으로 옮겨 숙성한다.

파르미지아노 레지아노 치즈와 오디를 가지고 술을 빚었다. 파르미지아노 레지아노 치즈는 원유에서 천연응고제 레넷으로 응고시킨 원유 덩어리를 탈수시켜 소금물에 침지한 후 시렁에서 건조숙성시켜 만든다. 우리나라의 메주 빚는 법과 닮았다. 발효식품이라는 점에서 술과 접목시켜 보면 재미있을 거란 생각이 들었다. 시중에 나와 있는 치즈주는 달고 부드러워 짠맛이 강한 치즈를 선택했다. 오디를 넣어 단맛과 색을 입히기로 했다.
발효를 위해 화덕 옆에 항아리를 두었는데 일정한 온도가 유지되지 않아 발효에 시간이 걸렸다. 달고 풍부한 맛을 원한다면 이 술은 실패작이다. 마셔 본 사람들의 반응도 호불호가 갈린다. 단맛과 짠맛, 신맛이 어우러져 맛의 밸런스가 조화롭지 못하다. 의미 있는 시도라고 생각해서 우리나라 치즈의 아버지라 불리는 지금은 고인이 되신 지정환 신부님께 드려보니 답을 안 하신다. 더 노력하라는 의미로 받아들였다. 맛의 균형점을 찾는 것이 숙제다.

밭 한 켠은 돌나물 천지다. 봄에 실컷 먹는다.
밥 위에 돌나물 따다 얹고 겨자잎 봄배추잎 등을 잘 썰어 고추장과 비벼 비빔밥을 만든다.
탁주도 함께 맛을 보태니 호텔 정식에 뒤지지 않는 밥상이 되었다.

매실오곡밥주

식전주로 안성맞춤, 우리 술의 다양한 변화

3

4

● 재료

멥쌀(백미를 주로 사용, 홍미, 흑미) 5kg
매실(매실청 담근 매실) 1.5kg
밤 10톨
팥 한 줌
백국 300g
청주 2L
물 5L

● 만들기

1 멥쌀을 깨끗이 백세한 후 하룻밤 물에 불린다. 팥도 충분히 불려둔다.
2 다음날 팥과 밤은 삶고 멥쌀은 물을 충분히 주어 푹 익히고 발에 널어 차게 식힌다.
3 매실은 씨앗을 제거하고 고두밥과 누룩, 청주, 끓여 식힌 물, 나머지 재료와 함께 치댄다.
4 고루 치대기를 마치면 알맞은 용기에 넣어 발효시킨다.
5 시기를 잘 맞춰 숙성이 끝난 술을 거른다.

구연산 성분이 풍부해 시고 항균, 함염, 피로회복에 좋은 매실과 오곡밥의 영양을 담은 매실오곡밥주를 담가 봤다. 신맛 나는 과실은 침샘을 자극해 소화를 촉진하고 곡류의 잡내를 잡아주는 역할을 한다.

잡곡이 잘 발효되도록 누룩과 청주를 함께 썼다. 홍미나 흑미는 기능성 쌀로 각각의 색소 속에 안토시아닌 색소가 들어가 있어 항산화 작용을 한다. 비타민 B군이 풍부한 팥은 이뇨 작용이 있어 몸의 부기를 빼준다.

매실청을 담그고 남은 매실은 당분이 있어 술을 담그기 더욱 좋다. 매실은 향이 잘 유지돼서 술이 완성된 후에도 매실 향과 맛이 잘 느껴졌다. 영양과 활력을 함께 취할 수 있어 입맛 없을 때 반주로 마시면 좋을 듯하다.

주식인 쌀이 주는 매력에 흠뻑 빠져 술을 빚는 분들을 보면
반가우면서도 그 열정 앞에 겸손해진다.

보리수사과주

오묘한 색을 지닌 술

2

4

● 재료

보리수 1.2kg (물 1.5L)
사과 1.2kg
멥쌀가루 1.2kg (물 2L)
백국 200g
밑술 1.5L (밑술이 없을 때 생막걸리를 넣는다. 다만 누룩 양을 조금 더 늘려준다.)

● 만들기

1 멥쌀가루는 곱게 가루 내어 뜨거운 물을 부어주며 범벅을 쑨다.

2 보리수는 깨끗이 씻어 물 1.5L와 함께 달인다.
(보리수 색을 더 돋보이게 하기 위해 산미가 도는 청주를 100mL 넣어 주었다. 설탕도 25g 추가해 색을 진하게 해주었다. 다만 이 과정은 생략해도 무방하다.)

3 위 재료들이 다 식으면 멥쌀범벅에 보리수를 체에 걸러 넣어준다.

4 사과는 잘게 썰어 넣고 준비해 둔 백국과 밑술도 첨가해 준다.

5 골고루 혼화를 한 뒤 소독해 둔 용기에 넣어 익힌다.

6월의 왕이라 불리는 보리수는 지사, 지혈, 거담 작용을 하고 소화가 잘되게 돕는 작용을 한다. 예전에는 집 주변에 흔하게 열려 있고 먹는 재미도 있어 아이들이 곧잘 따먹었다. 떫고 시고 단 맛이 고루 들어 있어 와인 같은 술을 담그기에 적합하다.
공주 원골 무농약 보리수와 가지고 있던 사과를 활용했다. 사과는 보리수의 떫은맛을 줄이기 위해 생으로 썰어 넣었다. 보리수는 물과 함께 달여 체에 내려 쓰는데 빛깔이 흐리면서 숙성된 붉은 기가 돈다. 술덧 표면에서도 연한 분홍빛이 돌아 오묘함이 느껴진다.
맛이 시기 전에 걸러보니 보리수와 사과의 맛 때문인지 산미가 생각보다 강하다. 병에 넣어 더 숙성시키자 신맛이 줄고 산뜻한 맛이 느껴진다.

Tip

보리수는 설사, 목마름, 천식, 해수를 주로 치료한다. 오장을 보익하고 번열과 소갈을 없앤다.
소화불량, 골수염, 부종, 생리불순, 치질, 허리 삔 것을 낫게 한다.

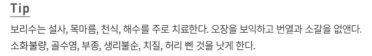

밭에서 난 2년배기 부추와 솎아낸 당근을 이용해 전을 부쳤다.
탁주를 곁들이니 어깨춤이 절로 나온다.

꽃막걸리

들꽃 예찬, 꽃으로 술을 빚다

3

4

● 재료

멥쌀가루 1kg
탕수 1.5L
밑술 300mL
백국 100g
개망초와 고수꽃 50g

● 만들기

1 멥쌀을 깨끗이 씻고 하룻밤 물에 담가 불린다.
2 멥쌀을 곱게 가루 낸 뒤 뜨거운 물로 개어 묽은 형태의 범벅을 만든다.
3 범벅을 차게 식힌 뒤 밑술과 백국을 넣고 치댄다.
4 치대기가 완성되면 항아리에 꽃과 함께 넣는다.
5 여러 차례 주걱으로 저어준 후 술을 익힌다.

개망초 꽃으로 만든 술은 언젠가 꼭 해봐야지 하고 다짐했던 술이다. 봄에 밭에서 난 망초 잎을 워낙 잘 먹었던 터라 다른 사람들에게는 망초가 잡초고 없애야 될 대상이지만 나에겐 그렇지 않았다. 지금 밭 곳곳엔 개망초 꽃이 피어 있다. 그 꽃들에게 고마움을 전하며 사진도 찍고 꽃을 하나씩 하나씩 바구니에 담아나갔다. 밭을 나오는 길목에 고수 꽃들도 눈에 띄어 함께 담아 왔다. 발에 널어 먼지를 한 번 날린 뒤 술을 만들었다. 허브막걸리와 같은 시기에 한 술이라 거르는 시기도 비슷하게 했다. 술을 거르고 보니 뽀얀 것이 꼭 우유 같았다. 같은 시기에 빚은 허브막걸리보다 산미가 더해서 처음 기대와는 달라 조금 아쉬웠다. 꽃에 있는 성분의 영향을 받았나 하고 생각해보았다. 또한 범벅으로 한 술이었고 여름철 빚었던 술인 만큼 거르는 시기에 더 신경을 썼어야 했는데 하는 아쉬움이 들었다.

Tip

개망초 꽃은 소화불량, 체내 독소 제거, 관절염, 알레르기 등에 효과가 있다

개망초 잎은 꽃과 마찬가지로 소화불량에 효과가 있고 위장염, 림프절염, 혈뇨, 급성 전염성 간염 등에 효과를 나타낸다.

술지게미를 이용해 쿠키를 만들었다. 반죽할 때 박력분을 넣어주고 설탕도 약간.
작업실에 있는 화덕에 구워 노릇노릇 잘 익으니 먹는다.
다들 너무 잘 먹으니 고맙고 덩달아 기분이 좋다.

허브막걸리

더웠던 한여름의 갈증을 해소해 준 술

1

4

● **재료**

찹쌀 1kg
탕수 식힌 것 1.5L
밑술 300g
백국 100g
허브(바질, 로즈메리, 애플민트) 75g

● **만들기**

1 바질, 로즈메리, 애플민트 등 허브 잎을 구해 둔다.
2 찹쌀을 불려두었다 고두밥으로 쪄서 차게 식힌다.
3 탕수 식혀놓은 것과 밑술 그리고 누룩과 함께 치댄다.
4 허브를 넣고 한 번 더 혼화해 준다. 이 때 너무 강하게 치대지 않는다.
5 날씨 상황을 봐 가면서 익는 정도에 따라 걸러 마신다. 더운 날엔 특히 빠르게 익으니 때를 잘 보고 거른다. 병에 넣고 냉장고에 둬 보름 정도 숙성해 걸러 마시면 더욱 좋다.

이번 술은 공주 시장에 있는 한 전집에서 아이디어를 얻었다. 원래 막걸리 주점도 함께하던 주인은 힘이 들어 요즘은 전만 부쳐서 판다고 한다. 술 손님을 가게에 따로 받지는 않는데 잔술로 직접 개발한 허브막걸리를 팔고 있었다. 식혜 냉장고에 넣어둔 술을 한 잔씩 시음할 수 있었는데 우리가 너무 맛있게 먹자 세 가지 허브가 들어갔다고 살짝 귀띔만 해준다. 밭에는 바질, 로즈메리, 애플민트가 잘 자라고 있어 이들을 채취해 직접 담가보기로 했다. 술에 함께 넣은 후 발효숙성 과정을 거쳤다. 날이 더우니 술이 익는 데 10일 가량 소요되었다. 거른 후 냉장고에 넣어 며칠 더 숙성시킨 뒤 시원한 상태에서 시음하였다. 술은 상큼한 맛과 허브의 향이 은은히 났고 분홍빛을 연상케 하였으며 마시면 자연스레 입에 미소가 지어졌다. 더위에 지친 여름에 먹기 딱 맞았다. 최근 빚어본 여름 술 중 가장 만족스러운 술이 되었다.

바질, 애플민트, 로즈메리는 가장 쓰임새가 많은 허브 3총사다. 바질은 요리에 쓰이면서 두통을 해소시켜 주고 심신 안정, 구내염 치료 등 치료제로도 쓰인다. 애플민트도 향신료이면서 동시에 진통, 살균, 입냄새 제거의 효능이 있다. 로즈메리도 살균, 피부진정 효과가 좋아 샴푸나 화장품 원료로 다양하게 쓰인다.

진도 오일장에서 만 원에 산 생선과
집주인 아주머니 텃밭에서 자란 쌈채들과 함께한 우리 청주.

코코아귀리주

후식으로 커피 말고 술 한 잔

4

5

● 재료

찹쌀 1.5kg
물 7L
단술 1L
코코아 240g
귀리 가루 260g
백국 300g

● 만들기

1 찹쌀을 백세한 후 3시간 가량 물에 담가 불린다.
2 냄비에 분량의 물을 넣고 찹쌀과 함께 죽을 쑨다.
3 죽이 다 되면 불을 끄고 귀리 가루를 체로 곱게 쳐서 넣고 주걱으로 섞어준다.
4 중간중간 저어줘 죽을 식히며 약 30분 후 코코아 가루를 물에 타서 죽에 넣는다.
5 죽이 체온 정도로 식었을 때 누룩과 단술을 넣고 주걱으로 한참 저어준 후 마무리한다.
병에 넣고 냉장고에 둬 보름 정도 숙성해 걸러 마시면 더욱 좋다.

코코아는 카카오 열매를 가지고 가공해 만든 가루로 비타민과 무기질이 고르게 들어 있어 피로를 풀어준다. 피부에 좋은 레티놀과 비타민 A·B·C·E가 다 들어 있다. 귀리 역시 단백질 함량이 높고 면역력을 높여주는 필수 아미노산 리신이 함유되어 있어 슈퍼 푸드에 속한다.
여성들을 위한 쌉쌀하고 소화 잘되는 코코아귀리주를 담가 봤다. 찹쌀죽에 귀리를 넣고 충분히 저어준 후 코코아 가루를 넣어 향을 살렸다. 코코아 향을 살리고 싶어 죽이 식은 뒤에 넣었다. 감패한 단술에 백국과 함께 넣고 체온 정도의 온도를 유지시키며 저어줬다. 단맛이 감돌며 초콜릿 맛도 느껴진다. 디저트용 술로 피부를 위해 마시면 어떨까 생각해봤다.

친구들이 놀러온 어느 날, 음식과 술을 함께.

금전초(긴병꽃풀)소주

우리 고유의 민트향을 더하다

1

4

● 재료

발효주 7L
물 3L
건조 금전초 35g
생 금전초 50

● 만들기

1 물 1L를 냄비에 넣고 건조된 금전초와 함께 끓인다.
2 물이 끓기 시작하면 발효주부터 2L 넣어 끓이고 다음으로 물 2L를 넣어 끓인다.
3 나머지 발효주 2L, 3L를 나눠 넣고 소줏고리를 올리고 불을 줄인 뒤 시룻번을 붙인다.
4 귓대를 붙여 소주의 초류를 받아 버리고 소줏고리 위에 냉각수를 둔다.
5 2L 가량 소주가 받아지면 멈추고 소주를 용기에 담은 후 금전초를 넣고 같이 숙성한다.

긴병꽃풀로 불리는 금전초는 여름내 즐겨 마셨던 차다. 민트 향이 나서 기관지에 좋고 잎 모양도 예뻐 허브로 활용하면 좋다. 습진이나 종기 같은 피부병에도 생잎을 찧어 붙여 치료제로도 쓰였다.

금전초는 따서 말려두었다가 준비한다. 솥에 물을 붓고 금전초를 넣은 후 끓으면 발효주를 넣고 다시 물을 보충한 후 나머지 발효주를 나눠 넣는다. 이렇게 해야 혹시라도 당도 높은 술이나 탁주 같은 술이 눌러 붙는 것을 방지할 수 있다.

소주를 받아낸 후 생금전초를 다시 한 번 넣어준다. 소주에 반응해 연한 잎들의 색이 옅어진다. 숙성시켜 열어보니 금전초의 민트 향이 올라온다. 숙성실 안에 한동안 금전초 향이 감돌아 기분이 상쾌하다.

자신 있는 요리 묵은지 감자탕. 갓 지은 밥과 맑은 술 한 잔.
다른 반찬들은 필요 없다.

멜론바나나백주

행복을 가득 담은 술

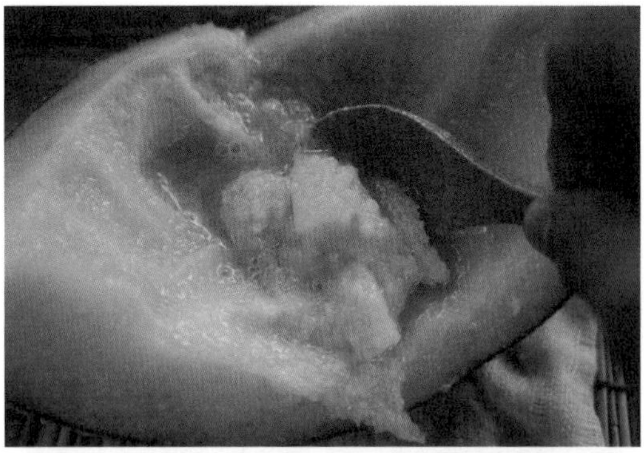

3

4

● **재료**

멥쌀 1.5kg
멜론 1.5kg
바나나 800g
누룩 150g
밀가루 50g
용수 2L
탁주 1L

● **만들기**

1 멥쌀을 깨끗이 씻어 하룻밤 불린 뒤 고두밥으로 찐다.
2 누룩은 끓여 식힌 물 2L에 담가 반나절 정도 둔다.
3 멜론과 바나나는 적당한 크기로 잘라 준비해 둔다.
4 고두밥이 식으면 자배기에 옮기고 밀가루와 체에 거른 누룩물을 넣는다.
5 멜론과 바나나, 탁주를 함께 섞어 치댄 후 항아리에 옮겨 익힌다.

9월이 다 갈 무렵 날이 선선해지고 하늘은 더없이 푸르러져 간다. 오곡들이 익고 나무에 풍성한 과실들이 달릴 때라 어떤 술을 해도 잘될 것 같다. 5일장은 추석이 지난 뒤라 활기가 한풀 꺾였지만, 날씨 덕인지 사람들이 많이 나와 있었다. 커다란 멜론이 눈에 띄었다. 국산이고 향도 좋아 술을 담가 보기로 했다. 완숙 바나나도 구매했다. 잘 익은 과일을 작업실로 실어 오는데 향기가 가득했다. 이번 술은 우리에게도 익숙한 멜론과 바나나를 이용한 열대과일주다. 불려둔 멥쌀을 고두밥으로 찌고 법제한 누룩은 물에 담가 활성화한 후, 체에 걸러 물만 따로 사용하였다. 멜론은 씨를 발라낸 다음 속살을 숟가락으로 파고 나머지 과육을 듬성듬성 썰어 넣고 바나나는 통째로 넣어 만드는데 치대는 내내 과실 향이 풍부하게 났다. 뜨거웠던 여름이 진한 향으로 농축된 과일을 활용한 계절주가 마음을 들뜨게 한다.

멜론과 바나나는 비타민 A와 비타민 C, 무기질이 풍부해 면역력을 향상시켜 주고 당도가 높아 피로회복에도 좋다. 특히 바나나에 들어 있는 비타민 B6는 우울증, 생리통 완화에 도움을 주며 행복 호르몬인 세로토닌 분비를 도와주는 트립토판이 들어 있다.

멜론 바나나주는 달콤한 향과 맛이 기분을 좋게 해준다. 열대과일의 높은 당도가 담긴 술은 피로에 지친 몸을 위한 영양제다.

직접 채취한 고사리와 각종 밑반찬 그리고 당근, 무 등과 함께한 밥에
탱자주 한 잔을 곁들이다.

고구마탁주

구황주에서 별미주로의 변화

● **재료**

멥쌀 1.5kg
탕수 3L
누룩 700g
찹쌀 3kg
고구마 8kg
물 5L

● **만들기**

1 멥쌀을 곱게 가루 낸 후 찜기를 이용해 설기떡을 만든다.
2 팔팔 끓는 물을 이용해 떡을 풀어주고 차게 식힌 후 분량의 누룩과 섞어 익힌다.
3 찹쌀은 하룻밤 불려 고두밥으로 만들고 고구마는 깨끗이 씻어 찜기에 쪄낸다.
4 고두밥과 고구마가 차게 식은 뒤 떡을 이용해 만든 밑술과 고루 섞는다.
5 끓여 식힌 물 5L와 함께 치대기를 하고 소독된 독에 넣어 익힌다.

가뭄 속에 고구마들의 작황이 작년만 못하다. 감자도 작황이 별로 좋지 않았는데 고구마마저 수확이 안 좋아 내심 마음이 아팠다. 더운 시기에 조금 더 잘 돌봐줬어야 하는데 하는 아쉬움이 몰려왔다. 다행히 더위가 물러갈 즈음 비가 여러 차례 오더니 그 덕에 밭 작물들이 살아날 수 있었다. 기쁜 마음을 안고 고구마를 수확해 고구마술을 빚기로 했다. 〈정조지〉 속의 감저주는 고구마를 잘라 볕에 반쯤 말려 시루에 얹어 쪄 익히고 으깬 후 곱게 간 누룩과 함께 술을 빚는다. 하지만 이번에 빚는 고구마술을 고구마만으로 만들지 않고 멥쌀을 이용해 밑술을 빚고 찹쌀고두밥도 같이 더해주는 방식으로 빚었다. 술은 잘 발효가 되었고 술 윗면이 노리끼리한 색깔을 띠어 독특했다. 술이 빚어지고 보름이 지나자 드문드문 올라오는 기포와 함께 고구마 향이 은은하게 났다. 한 달을 더 두고 술을 거르는데 보통 쌀술과는 또 다른 복합적인 향이 났다. 술에 고구마의 단맛이 깃들 거라고 기대했던 것과는 달리 술은 당도가 높지 않았고 쓴맛이 강했다. 하지만 입에 닿는 술의 촉감은 일반 술에 비해 더 부드러웠다. 병에 넣어 적당한 숙성 기간을 거치고 마셔보니 처음 걸렀을 때 느꼈던 쓴맛은 많이 사라지고 독특한 향과 맛이 잘 어우러진 고구마주가 탄생하였다. 이 한 잔 술에 한 해 힘들었던 농사의 수고와 함께 고마움이 한가득 담겨 있었다.

햅쌀농주

가을 햇볕 아래 영글었던 곡식들을 담아내는 순간

4

5

● 재료

멥쌀 1kg
찹쌀 5kg
물 5.5L
누룩 500g

● 만들기

1 멥쌀은 백세하고 하룻밤 불린 뒤 곱게 가루 낸다.
2 분량의 물을 이용해 죽을 끓인 뒤 차갑게 식혀준다.
3 법제를 마친 누룩을 넣고 충분히 치대기를 한 후 독에 넣는다.
4 밑술이 완성되면 찹쌀을 하룻밤 불려 고두밥으로 무르게 찐다.
5 고두밥이 차게 식으면 밑술과 함께 치대기를 하고 소독한 독에 넣어 익힌다.

긴 가뭄 속에서도 농작물들은 꿋꿋이 잘 자라주었다. 늦여름에 들이닥친 태풍도 다행히 큰 피해를 주지 않고 무사히 지나갔다. 이제는 찬바람이 불어오고 더운 여름 밤새 열어 두었던 창문들도 더는 열지 않아도 된다. 이 시기가 되면 햅쌀로 담근 막걸리를 출시하는 모습을 보게 되는데 시기적으로도 술 빚기에 참 좋은 때이다. 마침 연구소에서 진행한 향토음식개발사업을 한 마을의 쌀이 유명하여 좋은 햅쌀을 구할 수 있었다. 우리나라에는 약 100품종 이상의 쌀이 유통되고 있다고 한다. 다음에는 다양한 품종의 쌀로 술을 빚고 우리 토종 볍씨로도 쌀술을 빚어 나눠 마시는 자리를 가져야겠다. 이번에 빚게 된 '가을 햅쌀 농주'는 술을 거르고 얼마 되지 않아 시음을 해보니 약간 느끼한 맛이 나면서 불쾌한 발효취도 났다. 후숙성 용기를 잘못 선택하였나 하고 고민도 하며 한 달 더 술병에 따로 보관한 후 슬로푸드 모임이 있어 가져가 마셨는데 너무도 맛이 좋다는 평을 해주어 다시 용기를 얻었다. 숙성의 중요성을 다시 한 번 알게 해준 계기가 되었다.

가을이 무르익어 가며 날도 덩달아 쌀쌀해진다.
난로 위에 올려둔 고구마가 너무도 알맞게 잘 익었다. 목이 막히니
냉장고 속 우리 술 한 잔과 함께한다. 궁합이 환상이다.

별천지소주

우리 소주의 상큼한 변신

1

4

● 재료

내린 소주(약 35~40도) 7L
청주 3L
모과 3개
배 2개
사과 2개
탱자 12개
생강 1개
대추 10개
감초 3개
통 후추 적당량

● 만들기

1 발효주를 이용해 담금주에 적당한 도수의 소주를 만든다.

2 담금주에 들어갈 재료들은 모두 깨끗이 씻어 건조시킨다.
특히 탱자는 껍질 사이사이에 먼지가 많이 있으니 신경을 쓴다.

3 모과와 생강은 적당한 크기로 잘라주고 배와 사과는 칼로 흠집을 낸다.
대추는 칼집 혹은 이쑤시개로 구멍을 내 소주 안에서 잘 우러나올 수 있게 한다.

4 소독된 병에 각 재료들을 넣고 소주와 청주를 부어준다.

5 약 3개월 후 재료들을 거르고 소주만 따로 소독된 병에 담아 숙성해 마신다.

이번에 담근 술은 소주에 갖가지 재료들이 들어가 맛을 내었기에 일반 소주와 같지 않다는 의미를 담아 '별천지 소주'라 이름을 지었다. 겨울철 추워진 날씨 탓에 몸이 움츠러들 때 잘 만들어진 우리 소주 한 잔을 마시는 감흥이란 비할 데가 없다. 물론 소주를 과음하면 몸이 크게 상할 수 있고《동의보감》에서도 술로 얻은 병을 중병으로 여길 정도이니 술을 마실 때 자기 몸의 체질을 잘 알고 과하게 마셔서는 절대 안 된다. 겨울이 오기 전 동네 어귀에서 주워둔 모과 몇 개랑 탱자 그리고 마침 연구소에 있던 과일 몇 가지와 대추, 생강, 감초 등을 넣어 특별한 소주를 만들어 보았다. 재료들이 술 속에서 각자의 역할을 해낼 시간을 고려해 잘라 등분하기도 하고 칼집을 내어주기도 하였다. 더불어 청주를 넣어 소주와 함께 맛이 어우러지길 기대했다. 재료들을 소독된 병에 넣고 소주와 청주를 부은 후 재료들의 맛이 다 우러났다고 판단될 즈음 소주만 따로 걸러 병에 숙성하였다. 숙성하며 맛을 보니 다른 재료들의 맛에 비해 탱자 맛이 유독 강하게 느껴졌다. 몇 해 전 탱자탁주를 빚어 인기가 좋았던 경험이 있었는데 탱자의 향이 우리 술과 잘 어울리기 때문이다. 하지만 탱자에 가려 다른 재료들의 맛까지 잃어버려 아쉬웠다.

김치가 오래돼 묵으면 그 신기를 물에 한 번 헹궈내 볶아
이렇게 새로운 반찬으로 만들어낸다.
오래 묵은 우리 술과 함께 마시니 맛이 좋다 .

가마솥식은밥술

찬밥을 이용해 빚은 술

5

● 재료

식은 밥 6kg
탁주 2L
끓는 물 5L
누룩 250g
밀가루 250g

● 만들기

1 식은 밥에 끓는 물을 부어 섞어주고 식힌다.
2 밥이 다 식으면 탁주와 누룩, 밀가루를 넣고 치댄다.
3 고루 치댄 후 항아리에 넣고 발효실로 옮긴다.
4 하루 반에서 이틀간의 발효 과정이 끝나고 차가운 곳에 옮겨 냉각한 후 숙성한다.
5 술이 다 익으면 걸러 병입하고 후숙성 과정을 거쳐 마신다.

과거 가마솥에 밥을 지어 먹던 시절에는 언제나 찬밥이 남았다. 이 점에 착안하여 찬밥 술을 만들어 보았다. 가마솥을 이용해 밥 짓는 과정을 촬영하고 남은 밥을 이용해 술을 만들었다. 식은 밥의 전분을 호화시키고 소독하려고 끓는 물을 부어 주었다. 겨우내 잘 익고 있는 탁주도 넣어 술 발효에 도움을 주었다. 겨울 동안 천천히 익은 술이라 더 맛이 들 수 있었다.

비법가양주

더해 빚어 이양주로 만드는 가양주

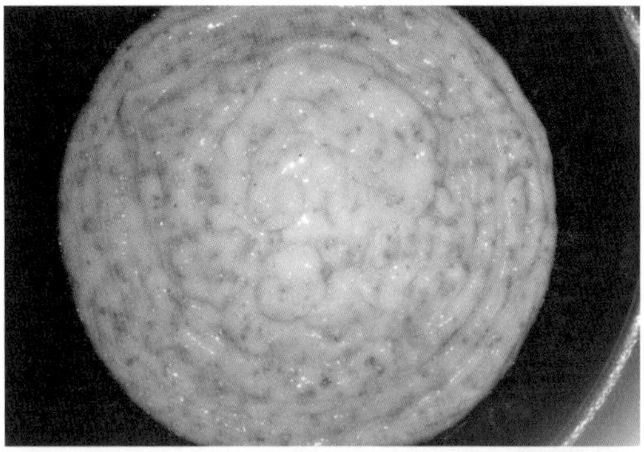

3

5

● 재료

멥쌀 1.6kg
찹쌀 6.5kg
물 9.5L
누룩 700g

● 만들기

1 멥쌀 1.6kg을 하룻밤 불려 곱게 가루 낸다.
2 물을 주전자에 팔팔 끓여 가루에 끼얹고 주걱으로 잘 풀어주며 범벅을 쑨다.
3 범벅이 차게 식으면 누룩을 넣고 치대 밑술을 만든다. 겨울에는 5일, 봄·가을에는 4일간 둔다.
4 덧술을 위해 찹쌀을 씻어 하룻밤 불리고 찜기에 푹 쪄 고두밥을 짓는다.
5 고두밥이 식으면 밑술과 함께 고루 치댄 후 발효와 숙성 과정을 거친다.

비법가양주는 이양주를 만드는 방법으로 밑술을 잘 만들어내는 것이 관건이다. 술 만드는 방법에 따라 다르나 한여름을 제외하고는 대부분 온도를 높여 술을 발효시키는데 고온 발효 시에 주의할 점이 몇 가지 있다. 우선 술독의 온도가 너무 높이 올라가 알코올을 생산해 내는 효모들이 사멸하는 경우이다.

술독의 온도는 순간적으로 가파르게 올라가는 것을 볼 수 있는데 이때를 잘 지켜보다 냉각시켜 주는 과정이 중요하다. 술독의 온도는 술독 전체를 손으로 확인해 보면 알 수 있는데 술독의 바닥부터 뚜껑까지 전체적으로 온도가 고루 퍼져 있는지 잘 살펴봐야 한다.

술의 발효가 절정으로 치달을 때는 독 전체 표면이 손바닥 온도보다 높다. 이 상태에서 독 뚜껑을 열어 확인해 보면 강한 알코올기와 탄산기가 올라와 독 안의 냄새를 맡기 힘들 정도다. 이때 가급적 차가운 환경을 만들어 독이 완전히 식을 수 있도록 해줘야 한다. 그렇지 않고 숙성 단계로 넘어가면 숙성 시에 술이 또 끓어올라 원치 않는 발효 과정이 일어나게 된다.

이번에 빚은 술은 술을 거른 초반에 약간의 산미가 있었으나 술을 병에 넣은 후 숙성해가는 과정에서 신맛은 사라지고 전체적으로 균형감이 좋은 술이 나오게 되었다.

2017년 겨울 잘 익은 술을 거른 뒤 술지게미에 양념을 더해주고 무를 박아 넣었다.
반년의 시간이 흐른뒤 확인해보니 무 속까지 지게미 양념이 잘 배어 있다.
밥 반찬으로 그만이다.

광양 장날

광양 오일장에 들러 모듬전 추천해준 사장님 덕에
광양 막걸리에 잘 익은 김치 그리고 고추 장아찌
잔엔 뽀얀 쌀술들이 넘치고
사람들이 지나가며 흩뿌린 향기들이
나의 살 위에 잠시 머물다 간다

비었던 옆 테이블에 깡마른 검정봉투 든 아저씨들 앉았는데
막걸리를 시키니 '여수여 광양이여' 하고 물어본다
전 부치던 아주머니 두런 말을 건네니
얼씨구 씨불이며 맞장구를 치신다

지나가던 사람들 내가 시킨 부침개와 막걸리에 입 훔치며 가고
악쓰는 아저씨는 조개 파는 아줌마 소리에 묻힌다
찢어진 하얀 포대아래 이곳은 어디도 부럽지 않은 곳
내 다시 올 곳

두 병 반

남부시장 백반집에 들렀다
혼자이니 부담 안 되는 냉면을 먹을까 하다
갈치조림이 눈에 띄어 시킨다

옆에 오래된 동무 두 분이 담소와 함께 식사를 마치신다
한 어르신은 소주를 두 병 반은 매일 드신다고 하신다
맞은편 어른은 소주가 싱거워져 아쉽다고 하신다

나는 막걸리를 시키려다 여담을 듣고 만다

삼천포
식당
243-5662
남해
신토물회
247-0778
10.000

잔에 담긴 탁주와 마침 내린 빗방울들이
내 몸을 전율케 하네

소낙비

밭을 매는데
소낙비가 후두두둑
원두막 밑으로 다들 급히 피해
잘되었다
막걸리나 한 잔 합세

술 편지

남고사 초입 작은 술가게를 할 때였다
어느 날 자주 들르시던 손님에게서 편지를 받았다
술 마시는 걸 이해해 달라는
편지를 받았다
안녕, 행복하라는

술에 마음 담다

술은 머리로 빚는 것이 아닌 마음으로 빚는 것이다
그렇기에 마음으로 술을 빚으면 그 기운이 술에 담기게 된다.
술을 품어 빚으면 따스한 품온을 담을 수 있다.
좋은 사람이 즐거이 빚으면 사람 맛이 담기며
사랑이 담긴 술에선 꿀맛이 난다.
그러니 우리 기왕이면 좋은 마음 담아 술 빚어 마시며
봄날의 꿈과도 같은 찰나의 인생, 미련 없이 아름답게 피고지자.

◇ 술 빚기에 필요한 도구

돌롤러

롤러

발(삿자리)

시루보

스팀기

찜솥

롤러 : 술 빚는 데 필요한 재료들을 곱게 빻는 도구로 쌀을 주로 빻고 누룩을 만들기 위한 통밀도 빻는다.
스팀기, 찜솥 : 고두밥, 설기떡 등 증기를 이용해 재료를 익힐 때 사용 **발(삿자리), 시루보** : 익힌 고두밥을 널어 식힐 때 사용

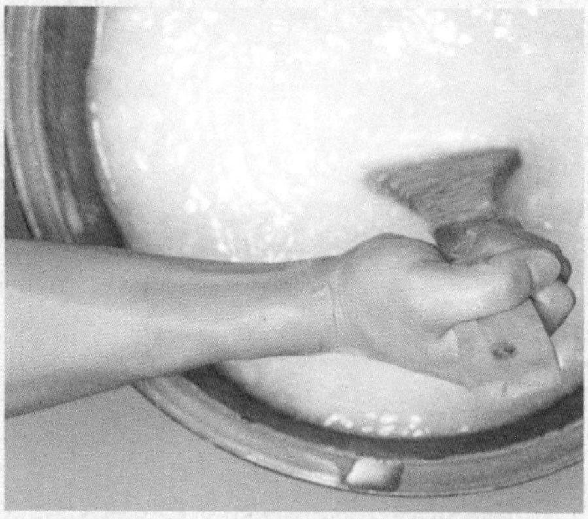

자배기와 주걱

자배기

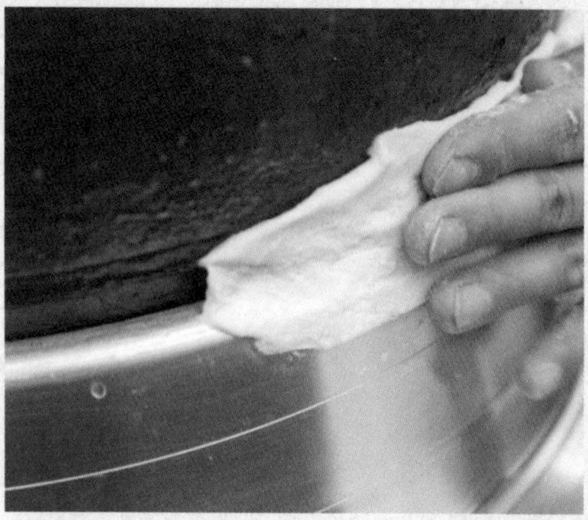

솥과 시루

주전자

술독

소줏고리

자배기와 주걱 : 고두밥과 누룩을 버무리거나 술을 거를 때 사용 **솥과 시루** : 고두밥을 짓는 데 사용
주전자 : 가루 익히기 및 도구 소독 등에 사용 **술독** : 술을 익히는 데 사용 **소줏고리** : 증류주를 얻을 때 사용